Die DIN EN ISO 9001:2015 verstehen

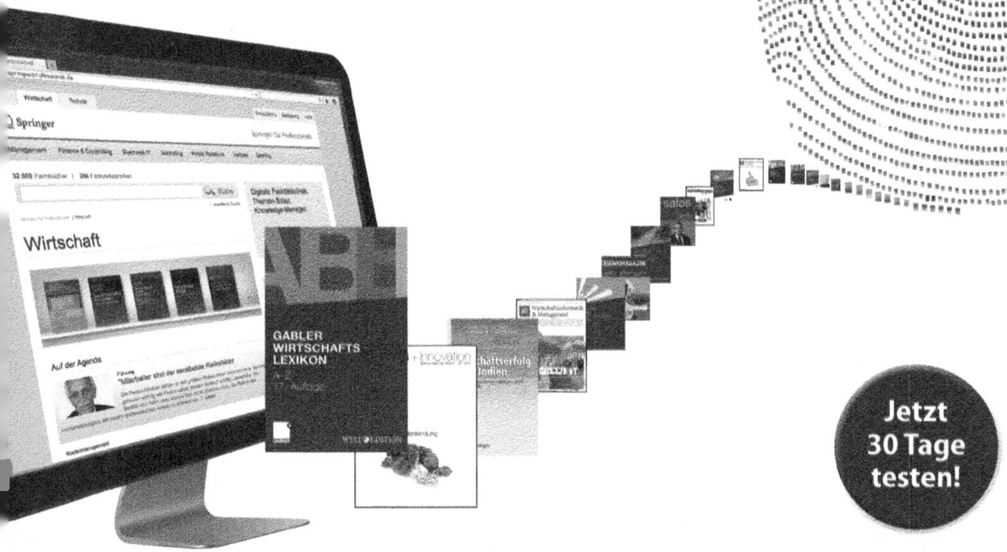

Simone Brugger-Gebhardt

Die DIN EN ISO 9001:2015 verstehen

Die Norm sicher interpretieren und sinnvoll umsetzen

2., aktualisierte und überarbeitete Auflage

 Springer Gabler

Simone Brugger-Gebhardt
Blaustein, Deutschland

Die 1. Auflage erschien unter dem Titel „Die DIN EN ISO 9001 verstehen".

ISBN 978-3-658-14494-4   ISBN 978-3-658-14495-1 (eBook)
DOI 10.1007/978-3-658-14495-1

Die Deutsche Nationalbibliothek verzeichnet diese Publikation in der Deutschen National-
bibliografie; detaillierte bibliografische Daten sind im Internet über http://dnb.d-nb.de abrufbar.

Springer Gabler

Gedruckt auf säurefreiem und chlorfrei gebleichtem Papier

Springer Gabler ist Teil von Springer Nature
Die eingetragene Gesellschaft ist Springer Fachmedien Wiesbaden GmbH

Vorwort

Als Beraterin für Managementsysteme erlebe ich oft, dass die Qualitätsmanagementnorm DIN EN ISO 9001 als impraktikabel, wirklichkeitsfremd, unsinnig und bürokratisch abgelehnt wird. Das ist sehr schade, denn die Zielsetzungen der Norm entsprechen den gleichen Zielsetzungen, die jeder Unternehmer hat: strukturiert und gewinnorientiert arbeiten, gute Produkte oder Leistungen erstellen und damit den Kunden zufriedenstellen.

Diese Zielsetzungen hatten die Berater und Zertifizierer in den 1990er Jahren nicht im Fokus. Damals war die ISO 9001 noch eine reine sogenannte Nachweisnorm. Das heißt, die Norm forderte schriftliche Nachweise und Beschreibungen für die Vorgehensweise in bestimmten Situationen. Das hatte zum Ergebnis, dass in den Unternehmen oft zwei Systeme nebeneinander existierten: das aufgesetzte Qualitätsmanagementsystem (QM-System) und das eigentliche gelebte Regelwerk des Unternehmens, das schon vorher existierte und von neuen Mitarbeitern erfragt werden muss. Das QM-System hatte keinen anderen Nutzen, als ein Zertifikat zu erreichen. Mit der Novellierung der Norm im Jahr 2000 und der damals eingeführten Prozessorientierung fand immer mehr ein Umdenken statt. Die Norm entwickelte sich hin zur Anwendbarkeit und Umsetzbarkeit in der Praxis des unternehmerischen Alltags. Dieser Trend wurde mit der Novellierung im Jahr 2015 fortgesetzt. Es war auch bei dieser Überarbeitung das erklärte Ziel des Normengremiums, die Akzeptanz und Einsetzbarkeit der QM-Systeme im betrieblichen Alltag zu erhöhen.

Eine weitere Besonderheit und Zielsetzung der Revision 2015 war das Verringern formeller Forderungen zugunsten von mehr Flexibilität. Dies soll erreicht werden durch das risikobasierte Denken und eine größere Ausrichtung auf die Leistung bei den Prozessen.

Und letztendlich sollte mit der Revision 2015 die Verständlichkeit der Norm verbessert werden. Viele Leser der DIN EN ISO 9001 werden dennoch nach wie vor durch die Sprache des Normtextes abgeschreckt. Dabei muss die Sprache der Norm so sein. Um jede Formulierung und teilweise um jedes Wort wurde in diversen Gremien heftig gerungen, bis die Norm so dastand, wie sie jetzt ist.

Viele der verwendeten Begriffe haben eine definierte Bedeutung, ähnlich einem Gesetzestext. Auch Gesetze sind mitunter schwierig zu verstehen, weil durch eine möglichst ausgefeilte Formulierung der Sinn und das Ziel eindeutig festgelegt werden soll. Leider geschieht dies oft auf Kosten der Verständlichkeit. Auch die Norm hat eindeutig definierte Begriffe, die in der DIN EN ISO 9000 nachzulesen sind oder in einem der vielen QM-Wörterbücher. Diese Normbegriffe werden normalerweise in Schulungen vermittelt, um das Verständnis zu erweitern. Dennoch bleibt der Text der Norm durch seine verschachtelten Formulierungen schwierig zu verstehen.

Denn ein weiterer Grund für die schwierige Sprache ist in der Entstehungsgeschichte einer jeden Norm zu suchen. Die Originalsprache der ISO-Normen ist Englisch. Was in der englischen Sprache in wenigen Worten ausgedrückt werden kann, erfordert im Deutschen oft mehrere Nebensätze. Dies führt zum Teil zu sehr langen, verschachtelten Sätzen.

Dieses Buch hilft Ihnen dabei, die Texte der Norm sowie deren Intentionen besser und schneller zu verstehen und es erleichtert Ihnen die Umsetzung in der Praxis. Mit den Begründungen, warum gewisse Dinge so und nicht anders umgesetzt werden sollen, werden die Forderungen der Norm verständlicher.

Die Kapitel des Buches sind streng nach den Kapiteln der Norm aufgebaut. Jedes Normkapitel wird in der gleichen Weise erklärt und interpretiert. Dies geschieht nach folgender Struktur:

Was will die Norm erreichen? (Ziel und Zweck)
Zu jedem Normkapitel ist die Zielsetzung des Kapitels in einem kurzen Satz zusammengefasst.

Was meint die Norm genau? (Auslegung)
Hier ist der Inhalt des Normkapitels genau erklärt. Zum Teil wird die Norm Satz für Satz ausführlich interpretiert und in einfachen Worten erläutert.

Wie kann die praktische Umsetzung erfolgen? (Praxistipps)
Hier gibt es zahlreiche Tipps und Praxisbeispiele, wie eine Umsetzung der jeweiligen Normforderungen in den unterschiedlichen Unternehmen aussehen kann.

Im Kapitel „Dokumentierte Informationen" äußere ich mich negativ über Handbücher, die nach Normkapiteln aufgebaut sind. Sie werden feststellen, dass auch ich getrickst habe, um die Buchkapitel gemäß den Normkapiteln zu strukturieren. Dies ist der besseren Zuordenbarkeit zu dem jeweiligen Normkapitel geschuldet, da sich jedes Buchkapitel auf ein bestimmtes Normkapitel bezieht.

Dieses Buch erhebt nicht den Anspruch, die Norm besser auszulegen als die Macher. Sicher ist nicht jede Interpretationsmöglichkeit ausgeschöpft oder genau getroffen. Dieses Werk erhebt auch nicht den Anspruch auf Fehlerlosigkeit oder Vollständigkeit. Diskussionsbeiträge über die Normauslegung sind der Autorin herzlich willkommen.

Die Auslegung und die Erläuterungen sollen dem normalen Anwender in den Unternehmen eine Hilfestellung beim Verstehen der Zielsetzung und der Inhalte der Norm geben. Dabei gibt es für die Auslegung natürlich keine Rechtsverbindlichkeit, es gilt immer noch der Originaltext. Jedoch sollen die Erklärungen eine Hilfestellung geben, den Originaltext besser zu verstehen und damit besser in die Praxis umzusetzen.

Denn nicht die Norm ist schuld an bürokratischen und untauglichen Qualitätsmanagementsystemen. Daran sind diejenigen schuld, die die Norm nicht richtig verstanden und das jeweilige Managementsystem geschaffen haben.

Und einige von Ihnen werden feststellen: Richtig verstandenes Qualitätsmanagement kann Spaß machen!

Ich wünsche viel Freude beim Lesen und Verstehen!

Blaustein, Deutschland   Simone Brugger-Gebhardt

Inhaltsverzeichnis

Abbildungsverzeichnis

Tabellenverzeichnis

Zur Autorin

Simone Brugger-Gebhardt ist seit 1998 in Unternehmen als Beraterin und Trainerin für Qualitätsmanagementsysteme tätig, unter anderem beim TÜV Rheinland, TÜV Süd und der EnBW-Akademie. Aus den unterschiedlichsten Branchen hat sie so einen umfangreichen Erfahrungsschatz erworben. Als Zertifizierungsauditorin kennt sie die vielen Sichtweisen bei der Normauslegung und kann so die Brücke zwischen Theorie und Praxis bauen.

Bereits Ende der 1990er Jahre lernte Simone Brugger-Gebhardt ihr Handwerk bei einem jungen Beratungsunternehmen, das bereits damals prozessorientierte Managementsysteme verbreitete, als es noch gar keine Normforderung war. Dort absolvierte sie auch ihre ersten Seminare als Trainerin.

Im Jahr 2000 machte sie sich als Beraterin und Trainerin selbstständig. Da über die Jahre sehr unterschiedliche Unternehmen zu ihrem Kundenkreis zählten, entwickelte sie viele Instrumente, die für unterschiedliche Unternehmensgrößen und verschiedene Branchen geeignet sind.

Im Jahr 2008 ging sie dann eine Partnerschaft mit der Zertifizierungsgesellschaft QUACERT in Schwäbisch Gmünd ein. Seitdem ist sie dort auf freiberuflicher Basis als Zertifizierungsauditorin für Qualitätsmanagement, und seit 2013 auch für Umweltmanagement aktiv. Bei der Zertifizierungstätigkeit stieß sie auf viele Fehlinterpretationen und Missverständnisse der DIN EN ISO 9001.

Als Trainerin war sie in dieser Zeit für die TÜV Rheinland Akademie, die EnBW-Akademie, die TÜV SÜD Akademie und das Schulungszentrum „stw unisono" (ehemals TQU-Akademie) tätig. Gerade aus der langjährigen Erfahrung als Trainerin und dem immer neuen Erklären der Norminhalte und -hintergründe entstand dieses Buch.Simone Brugger-Gebhardt ist erreichbar unter info@qm-ulm.de.

Teil I
Ein paar Grundlagen vorweg ...

Zusammenfassung

Um die DIN EN ISO 9001 richtig zu verstehen und ein Gefühl dafür zu entwickeln, was die Norm mit ihren Forderungen bezweckt, müssen erst ein paar Grundlagen vermittelt werden. Diese Grundlagen sind zum Teil im Vorwort der DIN EN ISO 9001 „Qualitätsmanagementsysteme – Anforderungen" oder in der DIN EN ISO 9000 „Qualitätsmanagementsysteme – Grundlagen und Begriffe" erläutert. Hier sind sie leicht verständlich zusammengefasst und auf das Wesentliche reduziert.

Normgrundlagen

1

Zusammenfassung

Dieses Kapitel gibt einen Überblick über die Absichten und die grobe Struktur der Norm DIN EN ISO 9001. Es wird erläutert, warum eine Standardisierung von Qualitätsmanagementsystemen sinnvoll ist, welche die Grundprinzipien die Norm verfolgt und anhand des Prozessmodels den Aufbau der Norm.

1.1 Was will die Norm grundsätzlich erreichen?

▶ Die **DIN EN ISO 9001** soll gewährleisten, dass ein Unternehmen alles dafür tut, um gute Produkte herzustellen oder eine gute Dienstleistung zu erbringen. Um dieses qualitätsgerechte Handeln des Unternehmens messbar und vergleichbar zu machen, wurde versucht, einen einheitlichen Standard für dieses Handeln zu schaffen.

Durch die gewollte Standardisierung ergibt sich die Schwierigkeit, dass diese Norm für jedes Unternehmen passen soll. Die ISO 9001 gilt für den kleinen Handwerksbetrieb wie für den Großkonzern, für die klassische Produktion, die Dienstleistung wie für den Handel, für die verschiedensten Branchen von der Druckerei bis zur Arztpraxis.

Daher bleibt die Norm in manchen Anforderungen sehr allgemein. Es wird oft nur beschrieben, welche Punkte geregelt werden sollen und nicht, wie die einzelnen Punkte umzusetzen sind. Dies trifft vor allem auf die Tätigkeiten eines Unternehmens zu, die zur Produktentstehung oder zur Leistungserbringung beitragen (Normkapitel 8), da diese sich von Unternehmen zu Unternehmen sehr unterscheiden.

© Springer Fachmedien Wiesbaden 2016
S. Brugger-Gebhardt, *Die DIN EN ISO 9001:2015 verstehen,*
DOI 10.1007/978-3-658-14495-1_1

Und weil sich Unternehmen stark voneinander unterscheiden, sollen sich auch die Qualitätsmanagementsysteme, die in Handbüchern oder anderen Dokumenten beschrieben sind, voneinander unterscheiden. Ein Qualitätsmanagementhandbuch sollte nicht in die Normkapitel untergliedert werden, sondern individuell nach dem Selbstverständnis des einzelnen Unternehmens gestaltet sein. Ein einheitlicher Aufbau eines Handbuchs nach der Norm ist weder beabsichtigt noch erwünscht. Dabei soll der Aufbau der Dokumentation für die Mitarbeiter selbsterklärend sein. Dies erreicht man wiederum damit, in dem die unternehmenseigenen Begriffe verwendet werden und nicht die Begriffe aus der Norm.

Die Norm nennt in ihrer eigenen Einleitung Vorteile, die sich mit dem Aufbau eines Qualitätsmanagementsystems ergeben können. Die Vorteile sind:

- Zuverlässigkeit
- qualitative gute und gesetzeskonforme Produkte und Leistungen
- Chance zur Erhöhung der Kundenzufriedenheit
- Kenntnis von Risiken und Chancen
- Nachweisbarkeit des Qualitätsmanagementsystems

Zur Ausgestaltung der Struktur sagt die Norm aber explizit, dass es *nicht* die Absicht ist:

- die Struktur der einzelnen Qualitätsmanagementsysteme zu vereinheitlichen
- die Gliederung der jeweiligen Dokumentation an die Norm anzugleichen
- die Begriffe aus der Norm im eigenen Qualitätsmanagementsystem zu verwenden

Ziel der Norm ist also nicht die Normierung der einzelnen Qualitätsmanagementsysteme, sondern das Schaffen eines Katalogs von Anforderungen, mit dem die Qualitätsmanagementsysteme unterschiedlicher Unternehmen gemessen und verglichen werden können.

1.2   Die sieben Grundsätze des Qualitätsmanagements

In der DIN EN ISO 9000 sind die Grundsätze des Qualitätsmanagements beschrieben. Diese geben ein recht umfassendes Bild darüber ab, was die Norm im Kern erreichen möchte. Wenn diese Grundsätze bei der Einführung und Nutzung eines Qualitätsmanagementsystems im Unternehmen berücksichtigt werden, sind bereits die meisten Anforderungen der DIN EN ISO 9001 erfüllt.

Die sieben Grundsätze des Qualitätsmanagements sind:

Kundenorientierung

Der Kunde bestimmt die Anforderungen an die Produkte und Leistungen des Unternehmens. Daher sollte das Handeln des gesamten Unternehmens darauf ausgerichtet werden, die Anforderungen des Kunden zu erfüllen und sogar zu übertreffen. Nachhaltiger Erfolg ist abhängig von der Zufriedenheit und dem Vertrauen des Kunden und anderer interessierter Parteien, von denen das Unternehmen abhängt.

Führung

Die unternehmerische Praxis zeigt: Wenn die Geschäftsführung nicht voll und ganz hinter einem bestimmten Thema steht, wird es im Unternehmen nicht umgesetzt. Die Führungskräfte müssen Vorreiter in diesem Thema sein und die Voraussetzungen dafür schaffen, dass die Kundenanforderungen im gesamten Unternehmen umgesetzt werden können.

Einbeziehung von Personen

Wenn Mitarbeiter an einer Entscheidung beteiligt werden, dann werden sie diese Entscheidung auch mittragen. Wenn Mitarbeiter eine Regelung vorgesetzt bekommen und diese außerdem nicht sinnvoll erscheint, dann werden die Mitarbeiter diese neue Regelung nicht gerne umsetzen. Daher ist eine ausführliche Information über den Grund von neuen Regelungen eine Mindestvoraussetzung.

Prozessorientierter Ansatz

Ein Unternehmen lässt sich managen, indem es seine Prozesse managt. Jeder Prozess muss geplant, gesteuert, überwacht und verbessert werden. Wenn das Zusammenspiel der Prozesse funktioniert, ergibt das eine funktionierende Wertschöpfung.

Verbesserung

Ein wesentliches Ziel im Qualitätsmanagement ist einerseits die ständige Verbesserung der Produkte, andererseits der Organisation des Unternehmens. Da zugleich die Mitbewerber auf dem Markt um eine ständige Verbesserung bemüht sind, wäre ein Stillstand in der Weiterentwicklung der Produkte und Leistungen als Rückschritt zu betrachten. Eine ständige Verbesserung ist daher auch aus wirtschaftlicher Sicht unerlässlich.

Faktengestützte Entscheidungsfindung

Viele Entscheidungen von Führungskräften werden mangels Datengrundlage nach Gefühl getroffen. Damit mehr dieser Entscheidungen auf einer festen Basis stehen, sollen vorher grundlegende Daten ermittelt werden.

Beziehungsmanagement
Die interessierten Parteien nehmen großen Einfluss auf die Leistungen eines Unternehmens. Je besser das Beziehungsmanagement ist, desto besser können die einzelnen Ansprüche gegeneinander abgewägt werden und desto mehr Erfolg wird das Unternehmen haben.

1.3 Wie ist die Norm gegliedert?

Alle DIN EN ISO 9000er-Normen bieten ein Modell, in dem der grundsätzliche Aufbau der Norm enthalten ist. Abb. 1.1 zeigt das Modell der ISO 9000er-Normen. Das Modell dient zum Erkennen und Erklären der Gliederung der Anforderungen, die die DIN EN ISO 9001 an die Qualitätsmanagementsysteme der Unternehmen stellt.

Das Prozessmodell stellt einerseits das Unternehmen und seine Tätigkeiten dar, andererseits die Beziehung zu den Kunden, der Anforderungen an das Unternehmen stellt und dann das Produkt oder die Leistung vom Unternehmen bekommt.

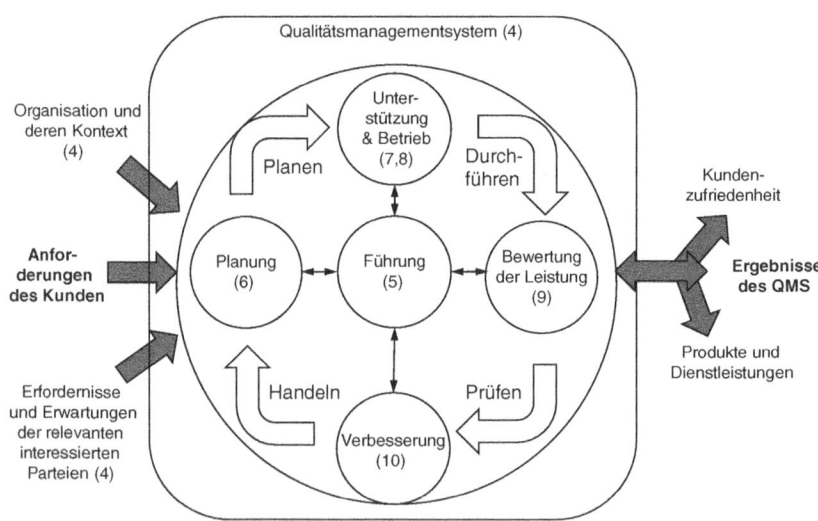

Abb. 1.1 Prozessmodell aus der DIN EN ISO 9001

An das Unternehmen selbst stellt die Norm Anforderungen bezüglich der „Organisation und der Kontext" (Normkapitel 4.1) und der „Erfordernisse und Erwartungen der relevanten interessierten Parteien" (Normkapitel 4.2). Die Anforderungen der Kunden sind diesem „Kontext" und den „Erfordernissen" gleichzustellen. Das Kapitel „Führung" (Normkapitel 5) beschreibt die Aufgaben der Geschäftsleitung im Rahmen eines Qualitätsmanagementsystems. Die Geschäftsleitung steuert über die „Planung" (Normkapitel 6), die „Unterstützung" (Normkapitel 7) und den eigentlichen „Betrieb" (Normkapitel 8), in dem die Forderungen an die wertschöpfenden Prozesse beschrieben sind. In „Bewertung der Leistung" (Normkapitel 9) sind alle Anforderungen an Prozesse beschrieben, die sich mit der Messung und Analyse der Qualität im Unternehmen beschäftigen. Dabei wird die Qualität der Produkte und Leistungen geprüft, die Kundenzufriedenheit gemessen und die Gesamtergebnisse der Prozesse und des Qualitätsmanagementsystems in Form von Kennzahlen ermittelt. In Kapitel „Verbesserung" (Normkapitel 10) sind die Möglichkeiten der Verbesserung aufgeführt. So schließt sich ein Kreislauf der fortlaufenden Verbesserung.

Diese sehr schlüssige Gliederung der Anforderungen an ein Qualitätsmanagementsystem heißt jedoch nicht, dass jede Qualitätsmanagementdokumentation nach dieser Kapitelstruktur aufgebaut werden soll oder muss. Diese Gliederung, die sich an einem klassischen Produktionsunternehmen orientiert, soll dem Anwender lediglich helfen, die für seine Prozesse zutreffenden Forderungen schneller zu finden. Die zutreffenden Anforderungen kann der Anwender dann mit seinen Prozessen abgleichen, um zu prüfen, ob seine Prozesse diese Anforderungen erfüllen.

▶   Das eigene Qualitätsmanagementsystem und die Dokumentation soll nicht nach der Norm gegliedert werden, sondern nach dem eigenen Selbstverständnis des Unternehmens.

Die Gliederung der eigenen Dokumentation kann erfolgen nach

- den eigenen Prozessen,
- nach Abteilungen,
- nach Standorten oder
- nach den behandelten Themen, wie zum Beispiel Qualität, Umwelt, Sicherheit, Finanzen, Risiken.

Die Rolle der Prozesse im Qualitätsmanagement

2

Zusammenfassung

Die Prozesse spielen eine Schlüsselrolle in den Forderungen der Norm DIN EN ISO 9001. Nur über die Prozesssicht lassen sich die Abläufe eines Unternehmens klar strukturieren und steuern. Dieses Kapitel führt in die Welt der Prozesse ein, gibt einen Überblick über die Entwicklung des Prozessdenkens bis hin zur ständigen Verbesserung von Prozessen mit dem PDCA-Zyklus.

2.1 Prozessorientierung

Die Prozessorientierung ist seit der Revision der Norm im Jahr 2000 eine zentrale und wichtige Forderung im Qualitätsmanagement, wird sogar als „Kern der Qualitätsprinzipien" bezeichnet. Die Überarbeitung der Norm in 2015 unterstreicht die Prozessorientierung und verstärkt diese noch mit zusätzlichen Forderungen an ein umfassendes Prozessmanagement. Um die Prozessorientierung zu verstehen, muss man erst den Begriff des Prozesses verstehen.

Was ist ein Prozess? Dazu gibt es eine Normdefinition in der DIN EN ISO 9000, die alle in der DIN EN ISO 9001 verwendeten Begriffe enthält.

▶ **Definition Prozess (DIN EN ISO 9000):** Ein Prozess ist ein Satz von in Wechselbeziehung oder Wechselwirkung stehenden Tätigkeiten, der Eingaben in Ergebnisse umwandelt.

Andere Definitionen für einen „Prozess" sprechen von einer Abfolge von Tätigkeiten, die zu einem bestimmten Ergebnis führen sollen. Nun laufen in einem Unternehmen viele verschiedene Prozesse ab. Man könnte sogar sagen, dass die Summe aller Prozesse eines Unternehmens das Unternehmen selbst darstellt. Alle

© Springer Fachmedien Wiesbaden 2016
S. Brugger-Gebhardt, *Die DIN EN ISO 9001:2015 verstehen*,
DOI 10.1007/978-3-658-14495-1_2

Tätigkeiten und Prozesse des Unternehmens haben ein gemeinsames Endziel: ein gutes Produkt oder eine gute Leistung für den Kunden zu erschaffen. Dabei gehören nicht nur Tätigkeiten zu einem Prozess. Die Tätigkeiten sind nur das „Wie" eines Prozesses. Das „Wie" beschreibt die Vorgehensweise oder das Verfahren und ist nur ein kleiner Teil des Prozesses. Zu den vollständigen Prozessinformationen gehören mehr, zum Beispiel die

*   Aufgaben der Prozessbeteiligten,
*   die Methoden, wie welche Tätigkeiten auszuführen sind,
*   die Ressourcen, die zur Verfügung stehen müssen
*   die Messgrößen, mit denen der Erfolg des Prozesses gemessen wird, oder
*   die Risiken, die mit dem Prozess verbunden sind.

Die Begriffe Prozess und Verfahren sind also nicht gleichgestellt, sondern das Verfahren ist ein Teil des Prozesses, der das „Wie" beschreibt.

▶ **Definition Verfahren (DIN EN ISO 9000):** Festgelegte Art und Weise, eine Tätigkeit oder einen Prozess auszuführen.

Zu einer besseren Anschauung dient Abb. 2.1. Es gibt eine Eingabe in einen Prozess, auch Input genannt. Die Eingaben werden verarbeitet und in die Ergebnisse umgewandelt. Alle Dinge, die nahezu unverändert aus dem Prozess wieder

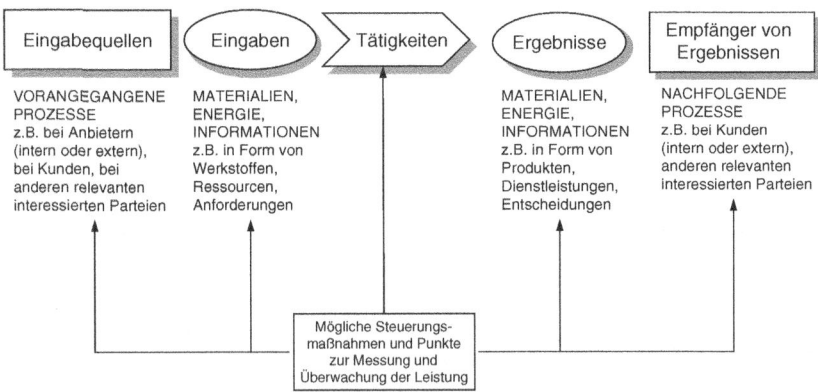

Abb. 2.1 Schematische Darstellung der Elemente eines Einzelprozesses nach DIN EN ISO 9001:2015

hervorgehen, also nicht in die Ergebnisse einfließen, sind die Mittel. Hier sind die Maschinen und Werkzeuge, aber auch das Personal gemeint. Außerdem ist entscheidend, dass ein solcher „Prozess" gemanagt werden muss. Es muss sich also jemand darum kümmern, wie der Prozess ablaufen soll und wie dies umgesetzt und kontrolliert wird.

Jedoch wird nicht alles, was in einen Prozess hineingeht, dort umgewandelt oder verbraucht. Manches geht auch unverändert aus dem Prozess wieder hervor: Das sind die Ressourcen. In der vereinfachten Prozessdarstellung in Abb. 2.2 sind außerdem die Tätigkeiten zum Managen eines Prozesses dargestellt. An die Ressourcen und die Managementtätigkeiten stellt die Norm andere Anforderungen als an die Prozesse und die Tätigkeiten.

Die Anforderungen an Ressourcen sind in den Normkapitel 7 „Unterstützung" zu finden, die Anforderungen an die Steuerung und Verbesserung von Prozessen sind in den Kapiteln 5 „Führung", 6 „Planung" sowie den Verbesserungskapiteln 9 „Bewertung der Leistung" und 10 „Verbesserung" zu finden.

Die Prozesse eines Unternehmens gehen nicht einzeln vonstatten, sondern hängen alle voneinander ab. Sie haben sogenannte „Schnittstellen" oder „stehen in Wechselbeziehung". Wenn man einen Prozess ändert, hat dies eventuell Auswirkungen auf viele andere Prozesse im Unternehmen.

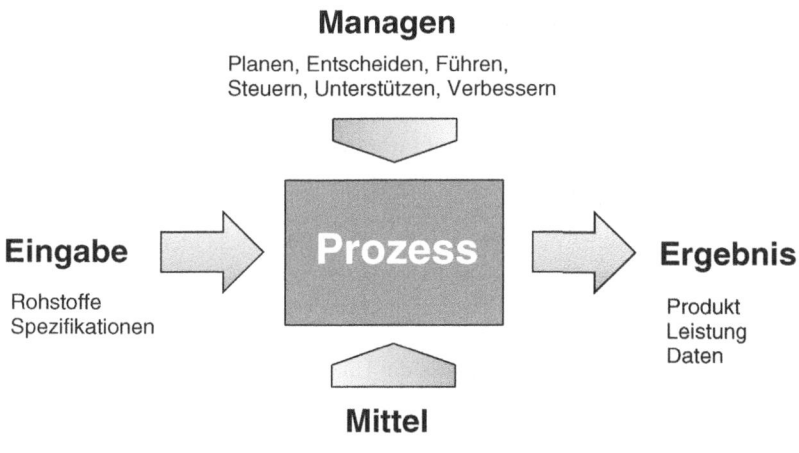

Abb. 2.2 Darstellung eines Prozesses und seiner Einflussfaktoren

Aus der Praxis: Änderungen, die sich auf das Qualitätsmanagementsystem auswirken

Ändert ein Unternehmen beispielsweise das Logo, hat dies eine Auswirkung auf alle Prozesse, die mit der Außenwirkung des Unternehmens zu tun haben. Da ist zum Beispiel der Vertrieb, der andere Vorlagen und Werbematerialien benötigt. Der Kundenservice braucht neue Kleidung mit dem neuen Logo. Das Handbuch muss neu gedruckt werden, denn auch hier ist das Logo integriert. Das Zertifikat enthält ebenfalls das Logo, beim Zertifizierungsunternehmen muss also ein neues Zertifikat angefordert werden. Die Beschilderung des Hauses ist jetzt veraltet. Die Produktion benötigt neue Labels für die Produkte. Auch externe Partner des Unternehmens sind betroffen, wie der Webdesigner, der die Homepage betreut, oder die Werbeagentur, die die Werbeauftritte erstellt.

Eine kleine Entscheidung wie das Ändern des Firmenlogos hat unter Umständen eine große Auswirkung auf viele unterschiedliche Bereiche innerhalb und außerhalb des Unternehmens.

Außerdem enden die Prozesse in der Regel nicht im „Nichts", sondern die Ergebnisse des einen Prozesses gehen wieder als Eingaben in andere Prozesse ein. Das Zusammenspiel der Prozesse bewirkt, dass eine Bestellung des Kunden eine ganze Kaskade von Prozessen im Unternehmen auslöst, die letztlich zu einem Produkt oder einer Leistung führen. Vergleichen kann man das mit einer Reihe Dominosteine, die nach und nach umfallen und dabei viele andere Dominosteine bewegen, bis als Ergebnis alle Steine umgefallen sind und dabei die schönsten Figuren entstehen.

Werden diese zusammenhängenden Prozesse im Überblick dargestellt, spricht man von einer Prozessübersicht oder Prozesslandschaft. Eine beispielhafte Prozesslandschaft ist in Abb. 2.3 dargestellt.

Um Prozesse in Ihrer Wichtigkeit und Funktion unterscheiden zu können, teilt man sie in der Regel in verschiedene Prozesstypen ein.

Typische Prozesse, die in vielen Unternehmen vorkommen, werden in Tab. 2.1 dargestellt.

Warum aber möchte die Norm, dass die Unternehmen prozessorientiert arbeiten? In vielen Unternehmen, in denen nicht in Prozessen, sondern in Abteilungen gedacht wird, könnte es zugehen wie in Abb. 2.4 beschrieben.

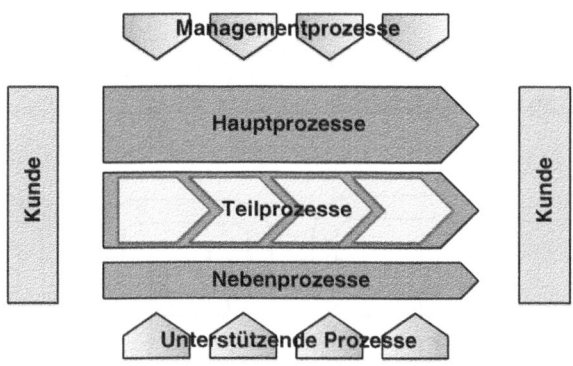

Abb. 2.3 Typische Prozesslandschaft

Tab. 2.1 Typische Geschäftsprozesse

Prozesstyp	Beispiele aus der Praxis
Managementprozesse	Strategische und operative Planung, Marketing, Controlling, Finanzbuchhaltung, Kommunikation, Budgetplanung, Qualitätsmanagementsystem
Unterstützende Prozesse	Wartung und Instandhaltung, Mitarbeiterqualifikation, Einarbeitung, IT, Gebäudemanagement
Wertschöpfende Prozesse	Arbeitsvorbereitung, Entwicklung, Konstruktion, Beschaffung, Vertrieb, Produktionsplanung, Produktionssteuerung, Auftragsabwicklung, Kundendienst, Kundenbetreuung
Verbesserungsprozesse	Prüfplanung, Fehlererfassung, Reklamationsauswertung, Datenauswertung, Qualitätskennzahlen, interne Audits, Maßnahmenmanagement

Aus der Praxis: Wenn eine Hand nicht weiß, was die andere tut

Der Vertrieb eines Unternehmens ist in Verhandlung mit einem Kunden. Da der Vertrieb keinerlei Interesse an der Auftragsausführung hat, sondern nur eine möglichst hohe Anzahl von Abschlüssen erreichen möchte, macht der Vertrieb dem Kunden alle möglichen Zusagen. Der Vertrag wird abgeschlossen und der Auftrag an die Entwicklungsabteilung weitergegeben.

Die Entwicklungsabteilung findet einen Vertrag vor, dessen Vorgaben sie technisch nicht so umsetzen kann, wie es im Vertrag mit dem Kunden vereinbart ist. Daher versucht sie einen Kompromiss zu finden zwischen Qualität

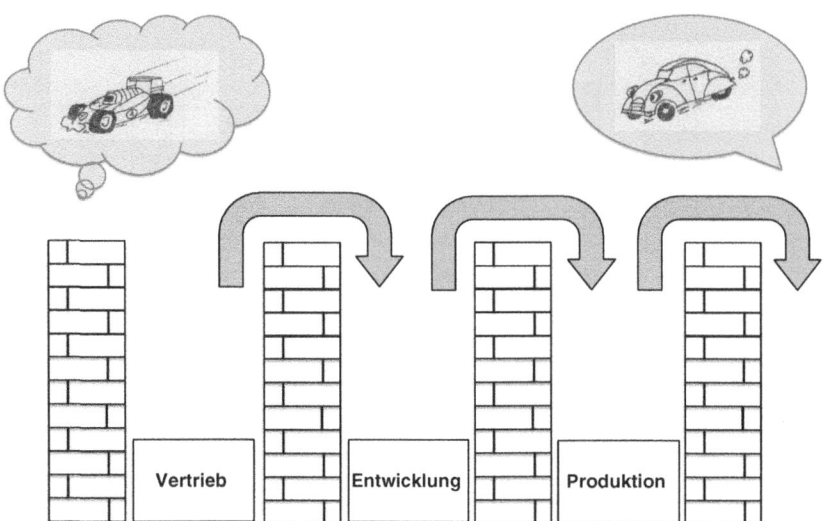

Abb. 2.4 Abteilungsdenken

und Kosten. Das heißt, die Entwicklungsabteilung wird nicht das entwickeln, was der Kunde sich eigentlich vorgestellt hat und das Ziel nur annähernd erreichen. Außerdem dauert das Entwicklungsprojekt länger, bindet mehr personelle Ressourcen und wird somit teurer als gedacht. Der Entwicklungsabteilung ist es egal, wie das Produkt später produziert wird.

Die Produktion ist von den Entwicklungsvorgaben völlig überrascht. So etwas hat sie noch nie produziert. Es sind weder das notwendige Know-how noch die erforderlichen Maschinen vorhanden. Der Produktionsleiter ist ratlos, wie er das umsetzen soll. Schließlich wird ein Kompromiss zwischen Qualität und Kosten geschlossen …

Das Ergebnis des Auftrags ist ein Produkt, das nicht den Kundenanforderungen entspricht und teurer ist als geplant.

Bei einem prozessorientierten Unternehmen steht idealerweise das gemeinsame Ziel im Vordergrund: das Schaffen eines guten Produkts, das den Kunden glücklich macht. An diesem Ziel werden alle Abteilungen gemessen und arbeiten alle Abteilungen mit. Jede Abteilung trägt einen Beitrag dazu bei. Und dieser Beitrag sollte eine der wichtigsten Prozesskennzahlen sein. Verbildlicht ist dies in Abb. 2.5.

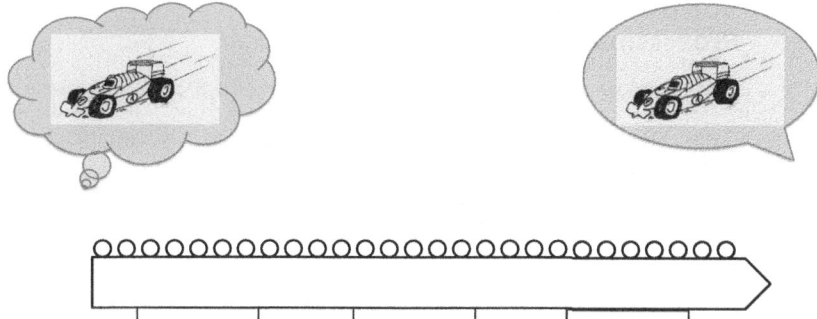

Abb. 2.5 Prozessdenken

Hier ist noch einmal zusammengefasst, was die Prozessorientierung bringen soll:

Vorteile der Prozessorientierung

* Keine zufällig guten Ergebnisse, sondern das Ergebnis ist so gut wie geplant
* Die wichtigen riskanten Prozesse sind bekannt und können besonders beobachtet werden
* Prozesseffektivität und -effizienz
* Zuverlässige Leistungsfähigkeit
* Transparenz
* Geringere Kosten, kürzere Arbeitszyklen, sparsamerer Umgang mit Ressourcen
* Verbesserte, zuverlässige und vorhersagbare Ergebnisse
* Besseres Wissen um das Zusammenspiel der Prozesse
* Förderung der Mitarbeitermotivation und klare Zuweisung von Verantwortlichkeiten

Um diese Ziele mit dem Qualitätsmanagementsystem zu erreichen, braucht es ein funktionierendes Prozessmanagement.

2.2   Von der Prozessorientierung zum Prozessmanagement

Prozessmanagement umfasst das Planen, das Steuern, das Umsetzen, die Kontrolle bzw. das Messen und das Verbessern von Prozessen. Als Grundlage für das Prozessmanagement dient die Abbildung oder Beschreibung von Prozessen. Durch die schriftliche Abbildung bekommt das Unternehmen einen besseren Überblick über die Prozessmerkmale und die Abläufe. Damit soll gewährleistet werden, dass nicht zufällig gute Produkte entstehen, sondern die Produkte genau so entstehen, wie sie geplant wurden. Wenn das gelingt, spricht man von einem „beherrschten" Prozess.

Beim Prozessmanagement gibt es zwei Ziele: Prozesswirksamkeit und Prozessleistung.

Die **Prozesswirksamkeit** ist die Fähigkeit des Prozesses, das gewünschte Ergebnis zu erreichen. Die Prozesswirksamkeit oder Prozesseffektivität ist notwendig, um zuverlässig gute Produkte oder gute Leistungen zu erbringen und damit den Kunden zufriedenzustellen.

Die **Prozessleistung** ist das erreichte Ergebnis im Verhältnis zu den genutzten Ressourcen oder Eingaben. Die Leistungsfähigkeit eines Prozesses muss ständig im Blick sein, damit das Unternehmen langfristig in der Lage ist, die guten Produkte zu einem vernünftigen Preis herzustellen und damit wettbewerbsfähig zu sein.

Prozesse sollen aber nicht um ihrer selbst wegen beschrieben und gemanagt werden. Es soll immer die Verbesserung der Prozesseffektivität und Prozesseffizienz im Vordergrund stehen, die mit einem guten Prozessmanagement erreicht werden können, oder auch nicht. Daher hängt die Art und Weise des Prozessmanagements stark von den Zielen, der Branche und der Vielschichtigkeit des jeweiligen Unternehmens ab. Je größer ein Unternehmen, desto mehr Arbeitsteilung findet statt, desto detaillierter in der Regel die Prozessbeschreibungen und das Prozessmanagement.

Folgende Aufgaben gehören zu einem funktionierenden Prozessmanagement:

- Festlegen der Prozesse und deren Zusammenhänge (Prozessübersicht), Festlegen der Schnittstellen
- Zuweisen der Verantwortung für jeden Prozess
- Beschreiben der Prozesse
- Festlegen von Eingaben, Ergebnissen, Messungen, Kennzahlen und Zielwerten
- Kontinuierliches Messen der Prozesse

- Fortlaufendes Verbessern und Optimieren der Prozesse
- Schulen der Mitarbeiter

Diese Aufgaben sollten fest auf Mitarbeiter oder Führungskräfte im Unternehmen übertragen werden. Ob die Aufgaben auf einen Prozessverantwortlichen, einen Abteilungsleiter oder einen Qualitätsmanagementbeauftragten übertragen werden, ober ob der Chef die Aufgaben selbst übernimmt, das muss jedes Unternehmen für sich entscheiden.

2.3 PDCA

Das Verbessern von Prozessen, von Produkten oder von dem gesamten Qualitätsmanagementsystem, funktioniert nach immer demselben Schema, welches in Abb. 2.6 gezeigt wird.

Zuerst wünscht die Norm, dass ein Manager eines Prozesses einen Plan oder Entwurf des Prozesses macht (PLAN). Dabei werden alle bisher vorhandenen Erkenntnisse berücksichtigt.

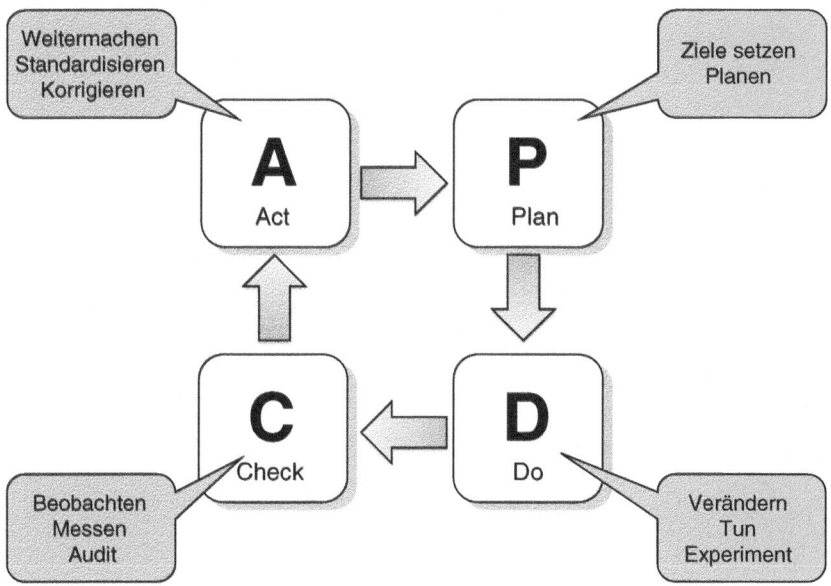

Abb. 2.6 PDCA-Zyklus nach W. E. Deming

In einem zweiten Schritt wird dieser Entwurf umgesetzt (DO). Es startet gewissermaßen ein Probebetrieb. Dabei wird ausprobiert, ob der Prozess auf die geplante Weise durchführbar ist.

Danach wird gemessen (CHECK), ob der Prozess zum gewünschten Erfolg führt. Hier kommen Messungen und Prüfungen zum Einsatz. Zum Überwachen des Erfolgs nutzen viele Unternehmen Kennzahlen.

War der Prozess erfolgreich, dann wird die Vorgehensweise in eine Routine überführt (ACT), indem der Prozess zum Beispiel ins Handbuch aufgenommen oder standardisiert wird. War der Prozess nicht erfolgreich, dann wird ein verbesserter Entwurf gemacht und der Zyklus beginnt von vorn (PLAN).

Der PDCA-Zyklus ist auch im Prozessmodel (Abb. 1.1) zu finden.

Risikobasiertes Denken 3

Zusammenfassung

Das risikobasierte Denken ist für die Vorbeugung von Fehlern ein wichtiger Bestandteil. In diesem Kapitel wird erläutert, welche Idee hinter dem risikobasierten Denken steckt und welche Ansätze die Norm DIN EN ISO 9001 bezüglich Risikomanagement verfolgt.

Im Gegensatz zu den vorherigen ISO 9001-Normen sieht es die Ausgabe von 2015 als eine Kernaufgabe des Qualitätsmanagementsystems, als vorbeugendes Instrument zu dienen. Dazu soll bei allen Planungen und Änderungen am Qualitätsmanagementsystem eine Risikobetrachtung durchgeführt werden.

Risikobasiertes Denken fängt bei dem Kontext der Organisation an: Welche Anforderungen an ein Unternehmen gibt es? Sind einige dieser Anforderungen widersprüchlich? Gibt es Risiken bezüglich der Anforderungen, wenn sie beispielsweise nicht erfüllt werden? Welche Prioritäten sind demnach zu setzen?

In der Vorgängernorm ISO 9001:2008 gab es noch den Begriff der Vorbeugemaßnahmen. Dieser wurde von den Unternehmen leider kaum angewendet. Jetzt soll vielmehr die Vorbeugung als ein Ergreifen von Chancen verstanden werden und als die Abwehr von Risiken. Und dies soll bei allen Planungen und Änderungen betrachtet werden. Risikobasiertes Denken soll bei der Führungsmannschaft in Fleisch und Blut übergehen.

Bestimmte Instrumente für ein Risikomanagement werden von der Norm nicht vorgeschrieben. Es gibt auch keine Verpflichtung, ein Verfahren oder einen Prozess zum Risikomanagement zu beschreiben. Es muss aber jedes Unternehmen auf seine erkannten Risiken reagieren und Maßnahmen zur Behandlung dieser Risiken planen. Das dürfte aber keine große Neuerung sein, da dies von je her zu den klassischen Aufgaben der Unternehmensführung gehört. Es ist jedoch auch nicht verboten, die Vorgehensweise beim Risikomanagement ausführlicher

© Springer Fachmedien Wiesbaden 2016   19
S. Brugger-Gebhardt, *Die DIN EN ISO 9001:2015 verstehen*,
DOI 10.1007/978-3-658-14495-1_3

festzulegen und die Methodik zu beschreiben, die sich das Unternehmen selbst
auferlegt hat.

Bei der Analyse der Risiken ist es empfohlen, folgende Quellen zu berücksichtigen:

- Interne und externe Belange (Normkapitel 4.1)
- die Unternehmensstrategie
- Interessierte Parteien und deren Anforderungen (Normkapitel 4.2)
- den Anwendungsbereich des QMS (Normkapitel 4.3)
- die Prozesse des Unternehmens (Normkapitel 4.4).

Über die Erstellung und Aufbewahrung von dokumentierten Informationen über
den Umgang mit Risiken entscheidet jedes Unternehmen selbst, denn die Art und
die Ausführlichkeit der Risikodokumentation ist stark abhängig von der Art der
Risiken, denen das Unternehmen bezüglich seiner Prozesse und Produkte ausge-
setzt ist.

Teil II

Die Auslegung der DIN EN ISO 9001

Zusammenfassung

Nach den einleitenden Erläuterungen zum Aufbau der Norm und einigen grundlegenden Begrifflichkeiten befasst sich dieser Teil nun eingehend mit jedem Abschnitt der DIN EN ISO 9001.
Dabei ist jedes Kapitel gleichermaßen wie folgt aufgebaut:

Was will die Norm erreichen? (Ziel und Zweck)
Zu jedem Normkapitel ist die Zielsetzung des Kapitels in einem kurzen Satz zusammengefasst.

Was meint die Norm genau? (Auslegung)
Hier ist der Inhalt des Normkapitels genau erklärt. Zum Teil wird die Norm Satz für Satz ausführlich interpretiert und in einfachen Worten erläutert.

Wie kann die praktische Umsetzung erfolgen? (Praxistipps)
Hier gibt es zahlreiche Tipps und Praxisbeispiele, wie eine Umsetzung der jeweiligen Normforderungen in den unterschiedlichen Unternehmen aussehen kann.

Viele Praxisbeispiele und die wichtigsten Normirrtümer ergänzen dieses Kapitel. Am Ende des Buches sind die Normirrtümer nochmals zusammengefasst.

Die Kap. 0 bis 3 der DIN EN ISO 9001 sind einleitende Kapitel. Die Anforderungen an Unternehmen sind erst ab Kap. 4 beschrieben.

Was bestimmt das Qualitätsmanagementsystem?

4

Zusammenfassung

Im Kap. 4 der Norm beschäftigt sich diese mit den Rahmenbedingungen eines Qualitätsmanagementsystems. Es wird der Kontext untersucht und geklärt, in dem sich die Organisation bewegt, es wird der Geltungsbereich des Systems festgelegt und es werden die Regeln für das Prozessmanagement im Unternehmen festgelegt.

Normabschnitt 4 Kontext der Organisation

4.1 Was beeinflusst das Unternehmen?

Normabschnitt 4.1 Verstehen der Organisation und ihres Kontextes

Was will die Norm erreichen?
Das Unternehmen muss wissen, welchen Einflüssen es unterliegt.

Was meint die Norm genau?
Das Unternehmen muss ermitteln, welchen Einflüssen es unterliegt. Gemeint sind Einflüsse, die irgendeine Auswirkung auf die Unternehmensorganisation oder die Qualität der Produkte und Leistungen haben können. Die Einflüsse können von innen und von außen kommen.

Diese Einflüsse sollen nicht nur einmalig für alle Zeiten ermittelt werden, sondern regelmäßig überprüft und gegebenenfalls aktualisiert werden.

© Springer Fachmedien Wiesbaden 2016
S. Brugger-Gebhardt, *Die DIN EN ISO 9001:2015 verstehen*,
DOI 10.1007/978-3-658-14495-1_4

Wie kann die praktische Umsetzung erfolgen?
Im „Kontext der Organisation" fordert die Norm, dass das unternehmerische Denken bei der Kundenorientierung nicht außen vor gelassen wird. Das Unternehmen soll den Markt verstehen, einen Überblick über die eigene Branche haben, die wichtigen Gesetze kennen und berücksichtigen, den Stand der Technik beherrschten, und vor allem für das Unternehmen selbst die richtigen Schwerpunkte setzen um das Unternehmen strategisch sauber ausrichten zu können.

Diese Einflüsse, denen eine Unternehmen unterliegt, ist eng verflochten mit den Ansprüchen der interessierten Parteien (siehe nächstes Kapitel). Beispiele für solche Einflüsse sind:

- Gesetze und Normen
- Markterfordernisse
- Politisches, kulturelles, gesellschaftliches oder religiöses Umfeld
- Anerkannte Regeln der Technik, Stand der Technik

Praktisch erarbeiten kann man diese Einflüsse in einem Workshop mit den Führungskräften eines Unternehmens. Dann können die Ergebnisse in einem Besprechungsprotokoll festgehalten werden.

Weitere Spuren von einer Auseinandersetzung der Geschäftsleitung mit den qualitätsrelevanten Belangen finden sich vielleicht auch im Geschäftsplan, den Strategiepapieren, Marktanalysen, Analysen und Auswertungen oder Berichten von Beratungen.

4.2   Wer will mitreden?

Normabschnitt 4.2 Verstehen der Erfordernisse und Erwartungen interessierter Parteien

Was will die Norm erreichen?
Dem Unternehmen muss klar sein, welche interessierte Gruppierung welche Anforderungen an das Unternehmen stellt.

Was meint die Norm genau?
Das Unternehmen muss ermitteln, welchen Parteien Interesse am Unternehmen und dessen Erfolg haben. Diese Personen oder Gruppierungen haben ihre eigenen

Bedürfnisse und Erwartungen an das Unternehmen. Da das Unternehmen jedoch mit diesen Parteien zusammenarbeiten muss, weil es ein Stück weit abhängig von diesen ist, muss es diese Wünsche respektieren und mit diesen umgehen. Teilweise widersprechen sich die Erwartungen der Parteien, andere haben vielleicht dieselben Bedürfnisse. Diese zum Teil sehr unterschiedlichen Wünsche müssen nun gesammelt und gegeneinander abgewägt werden.

Diese Erfordernisse und Erwartungen können sich ändern. Also sollen sie ebenfalls nicht nur einmalig ermittelt werden, sondern regelmäßig überprüft und gegebenenfalls aktualisiert werden.

Was die Norm jedoch ausdrücklich nicht wünscht:

- Es müssen keine Schriftstücke angefertigt werden, die diese Gedankengänge der Unternehmensführung nachvollziehbar machen. Es müssen lediglich Fragen zu diesem Thema beantwortet werden, die nachweisen, dass sich die Führung zu dem Thema Gedanken gemacht hat.
- Es müssen keine Forderungen in das Qualitätsmanagementsystem eingebracht werden, die über die Qualitätsanforderungen innerhalb des Geltungsbereichs hinausgehen.
- Es müssen nicht alle Forderungen gleich behandelt werden. Das Unternehmen entscheidet, welche Anforderungen qualitätsrelevant sind und das Unternehmen berücksichtigen möchte, und welche nicht.

Wie kann die praktische Umsetzung erfolgen?
Zur Erarbeitung der Belange des Organisation, der interessierten Parteien und deren Erfordernisse und Erwartungen kann ein Führungskräfteworkshop hilfreich sein. Auf diese Weise sind alle Abteilungen und Bereiche berücksichtigt, es werden wirklich alle Aspekte und Sichtweisen berücksichtigt. Außerdem werden alle Bereiche gleichermaßen auf das Thema eingestimmt und in das „Boot Qualitätsmanagement" geholt.

Am Anfang des Workshops wird kurz die Aufgabenstellung erklärt, dann können gemeinsam „interessierte Parteien" auf Basis der fünf Parteien aus der DIN EN ISO 9004:2009 ermittelt werden (siehe Tab. 4.1).

Sind die interessierten Parteien klar, dann werden deren Erwartungen zusammengestellt. Diese werden dann nach Übereinstimmungen und Widersprüchen ausgewertet und nach Wichtigkeit der jeweiligen Partei priorisiert.

Aus diesen Ergebnissen kann eine neue oder geänderte Qualitätsstrategie hervorgehen. Die Qualitätspolitik kann dann auf Basis dieser Bedürfnisse und Erwartungen formuliert werden.

Tab. 4.1 Interessierte Parteien und mögliche Anforderungen

Interessierte Partei	Mögliche Anforderungen der Partei
Kunden	Qualität, Preis, Lieferleistung von Produkten
Eigentümer/Anteilseigner	Nachhaltige Rentabilität, Transparenz
Mitarbeiter der Organisation	Gute Arbeitsumgebung, Arbeitsplatzsicherheit, Anerkennung und Entgelt
Lieferanten und Partner	Gegenseitiger Nutzen und Kontinuität
Gesellschaft	Umweltschutz, Ethisches Verhalten, Einhalten von gesetzlichen und behördlichen Anforderungen

Aus der Praxis: Der Mitarbeiter und seine Wünsche werden wichtiger
Bisher war der Mitarbeiter nach der DIN EN ISO 9001:2008 nur eine „Ressource". Wichtig beim Personal war lediglich seine fachliche Eignung für die Tätigkeiten, die es ausübt. Diese Rolle beginnt sich zu ändern.

Viele Unternehmen sehen sich in jüngster Zeit damit konfrontiert, dass gute Mitarbeiter immer rarer werden. Die Mitarbeiterbindung spielt eine immer größere Rolle. Damit nimmt die Wichtigkeit der Anforderungen der eigenen Mitarbeiter an das Unternehmen zu.

Die Unternehmen stellen sich auf die neue DIN EN ISO 9001:2015 ein. Mit der Erarbeitung der Bedürfnisse und Erwartungen interessierter Parteien wurde plötzlich deutlich, dass die Mitarbeiter auch bestimmte Vorstellungen haben: Eine faire Bezahlung, Entwicklungsmöglichkeiten, Fortbildung, vor allem aber ein gutes Betriebsklima werden häufig genannt. Spätestens jetzt wird vielen Führungskräften klar, dass sie aktiver auf die Wünsche der Mitarbeiter eingehen sollten. Der Mitarbeiter und seine Wünsche werden plötzlich immens wichtig für die Erreichung einer guten Qualität.

Im Zertifizierungsaudit kann die Geschäftsleitung auch mit weiterführenden Aufzeichnungen nachweisen, dass sie sich Gedanken um die Belange des Unternehmens macht. Solche Aufzeichnungen können sein:

- Marktrecherchen und Marktstudien
- Verträge
- Selbstverpflichtungen, Gesetze, Normen
- Mitarbeiterbefragung, Mitarbeitergespräche
- Stand der Technik aus Messebesuchen, Tagungen, Schulungen, usw.
- Informationen von und über Lieferanten
- Arbeitsblätter, Auswertungen

4.3 Unmögliches ausschließen

Normabschnitt 4.2 Festlegen des Anwendungsbereichs des Qualitätsmanagementsystems

Was will die Norm erreichen?
Das Unternehmen muss klar definieren, in welchen Bereichen das Qualitätsmanagementsystem anzuwenden ist und in welchen nicht.

Was meint die Norm genau?
Das Unternehmen soll den Bereich schriftlich festlegen, für den das Qualitätsmanagementsystem und seinen Regelungen gelten. Das kann eine bestimmte Produktgruppe sein, ein bestimmter Unternehmensstandort oder ein bestimmter Unternehmenszweig. In den meisten Unternehmen gilt das Qualitätsmanagementsystem für das gesamte Unternehmen, alle Produkte und Leistungen und alle Mitarbeiter. Bei der Festlegung des Geltungsbereichs müssen das Umfeld des Unternehmens, die Erwartungen der interessierten Parteien und die Produkte und Leistungen berücksichtigt werden.

Doch es gibt bestimmte Anforderungen an Unternehmen, die treffen einfach nicht zu. Zum Beispiel gibt es Unternehmen, die keine neuen Produkte entwickeln. Oder es gibt Unternehmen, die keine ausgelagerten Prozesse haben und keine Leistungen beziehen.

Das QM-System soll nur die Prozesse beschreiben, die tatsächlich vorhanden und qualitätsrelevant sind. Gibt es Normforderungen, die auf ein Unternehmen nicht anwendbar sind, müssen diese nicht in Regelungen umgesetzt werden und können ausgeschlossen werden.

Jede Normforderung, die nicht anwendbar ist, kann also ausgeschlossen werden. Dieser Ausschluss muss allerdings begründet werden; es ist zu beschreiben, warum die Forderung nicht anwendbar ist. Der Grund muss nachvollziehbar sein, sonst könnte ein Unternehmen einfach behaupten, gar nichts aus der Norm sei anwendbar. Die Ausschlüsse dürfen keine Forderungen der Norm betreffen, die Qualität der Produkte und Leistungen oder die Kundenzufriedenheit gefährden könnten.

Aus der Praxis: Missverständlicher Geltungsbereich
Ein Baustoffhandelsunternehmen verlagerte seine Produktion ins europäische Ausland zu einem Schwesterunternehmen. Leider wurde „vergessen", dies auf

der Homepage des Unternehmens zu ändern. Dort stand nach wie vor, dass in Deutschland produziert werde und das Unternehmen ein Zertifikat nach DIN EN ISO 9001 besitze. Dies ist jedoch eine Irreführung der Kunden: Es wird auf der Homepage behauptet, dass das Unternehmen einen zertifizierten deutschen Produktionsstandort besitzt. Diese irreführende Behauptung führte im Zertifizierungsaudit zu einer Hauptabweichung und musste sofort beseitigt werden.

Wie kann die praktische Umsetzung erfolgen?
Die meisten Unternehmen haben einen Standort, an dem sie ihre Produkte herstellen und von dort an den Kunden ausliefern. Es gibt jedoch Grenzbereiche eines solchen Geltungsbereichs, bei denen entschieden werden muss, ob die Tätigkeiten noch zum Geltungsbereich gehören oder ob hier die eigene Grenze des Geltungsbereichs gezogen wird. Solche Grenzbereiche können zum Beispiel sein:

- Ausgegliederte Prozesse
- Logistik
- Mehrere Standorte
- Service-Zentren
- Serviceleistungen direkt beim Kunden oder am Standort
- Produkte und Dienstleistungen, die in Zusammenarbeit entstehen

Zur Erarbeitung eines Qualitätsmanagementsystems hatte das Normgremium beim Entwurf der DIN EN ISO 9001:2015 folgende „Hintergedanken":
Das Qualitätsmanagementsystem soll erst einmal die Prozesse beschreiben, die tatsächlich im Unternehmen vorhanden sind. Jedes Unternehmen stellt Produkte her und hat dafür entsprechende Prozesse, die zu großen Teilen auch bereits qualitätsgerecht durchgeführt werden. Wäre dies nicht der Fall, wäre das Unternehmen wahrscheinlich schon seit Jahren insolvent, weil kein Kunde dessen schlechte Produkte kaufen möchte.
In einem nächsten Schritt macht sich das Unternehmen Gedanke, welche Normforderungen auf welche bestehenden Prozesse zutreffen und anwendbar sind. Bei der Wertschöpfung und bei den Hilfsprozessen dürfte dies keine Probleme bereit, zumal die Norm die Forderungen ganz gut nach Prozessarten sortiert hat.
Gibt es Normforderungen an die bestehenden Prozesse, die noch nicht erfüllt werden, werden diese in den bestehenden Prozessen ergänzt. Oder es werden neue Prozesse und Verfahren entworfen, um die Normforderungen umzusetzen, für die es noch gar keine Regelung gibt. Das ist bei der Neueinführung von

Qualitätsmanagement bei den Verbesserungsprozessen der Fall: Unternehmen, die noch kein Qualitätsmanagement betreiben, führen z. B. noch keine internen Audits durch. Hier muss also eine neue Vorgehensweise eingeführt werden.

Aus der Praxis: Ausschlüsse werden „Nicht-Anwendbarkeiten"

Es kann Normforderungen geben, die wegen der Natur der Dinge einfach nicht anwendbar sind. Ein Beispiel hierzu:

Eine Apotheke vertreibt fertige Waren. Das können Medikamente sein oder Drogerieartikel, die in das Apothekenumfeld passen. Allerdings stellen die meisten Apotheken nach der Vorgabe von Hautärzten auch Salben her. Dies gehörte früher zum Alltag von Apothekern, nimmt in der heutigen Zeit jedoch immer mehr ab, da eher die günstigeren Fertigpräparate verschrieben werden. Ist die Herstellung einer Salbe nach den Vorgaben des Arztes auf dem Rezept eine Entwicklung und kann die Apotheke auf diesen Prozess das Normkapitel 8.3 anwenden? Nein, es ist hier eindeutig eine Nicht-Anwendbarkeit des Normkapitels „Entwicklung" gegeben. Es ist einer Apotheke vom Gesetzgeber sogar untersagt, eigene Medikamente zu entwickeln und herzustellen. Die Apotheke darf lediglich Rezepturen des Arztes umsetzen. Die Entwicklung und Herstellung von Medikamenten ist Arzneimittelgesetz geregelt.

Solche Fälle sind dann nicht zutreffende oder anwendbare Regelungen, die auszuschließen sind. Die Begründung kann folgendermaßen aussehen:

Eine Entwicklung von Produkten im Sinne der DIN EN ISO 9001 ist in der Apotheke aufgrund der rechtlichen Rahmenbedingungen der ApoBtrO und des AMG nicht möglich und wird daher ausgeschlossen. Die Entwicklung von Dienstleistungen berücksichtigt die Forderungen aus Normkapitel 8.1.

Vermieden werden sollte folgende Vorgehensweise, die in der Vergangenheit leider durchaus üblich war:

In einem Handbuch wird Norm-Kapitel für Norm-Kapitel beschrieben, wie die jeweilige Normforderung im Unternehmen umgesetzt wird. Diese Regelungen basieren zwar zum Teil auf den Unternehmensprozessen, bilden diese jedoch nicht wirklich ab. Das Ergebnis ist eine aufgeblähte und nach Norm strukturierte Dokumentation, die mit der unternehmerischen Wirklichkeit nichts zu tun hat.

▶ **Irrtum Nr. 1: Es muss eine Stellungnahme zu jeder Normforderung geben**

In der Vergangenheit war es bei vielen Qualitätsmanagementberatern üblich, ein einmal erarbeitetes Rahmenhandbuch allen beratenen Unternehmen überzustülpen. Dazu wurde ein Handbuch mit

den jeweiligen Normkapiteln als Basis genommen. Zu jedem Normkapitel wurden nochmals die Normforderungen wiederholt und die
Berührungspunkte mit dem Unternehmen beschrieben, bzw. wie die
jeweilige Normforderung im Unternehmen umgesetzt wurde. Als
Begründung wurde aufgeführt, das fordere die Norm oder das fordern
die Zertifizierungsauditoren.

Aber tatsächlich fordert die ISO 9001 das seit der Ausgabe aus dem Jahr 2000
nicht mehr. Im Gegenteil: Die Norm möchte, dass das Unternehmen seine tatsächlichen Strukturen abbildet und die Norm nur noch als Hilfestellung nutzt, um
eventuelle Lücken zu erkennen und aufzufüllen. Eine Strukturierung der unternehmenseigenen Dokumentation ist weder gefordert noch erwünscht.

4.4   Forderungen ans Prozessmanagement

Normabschnitt 4.4 Qualitätsmanagementsystem und seine Prozesse

Was will die Norm erreichen?
Die Prozesse werden so gehandhabt, dass sich das System und die Qualität
weiterentwickeln und verbessern können.

Was meint die Norm genau? (Auslegung)
In diesem Kapitel werden grundsätzliche Anforderungen an die Handhabung bzw.
das Management der Prozesse gestellt.

   Das Unternehmen muss ein Qualitätsmanagementsystem „aufbauen, verwirk-
lichen, aufrechterhalten und fortlaufend verbessern". Das heißt, dass ein Unternehmen, das ein Qualitätsmanagementsystem betreiben möchte, dieses System
überlegt aufbauen muss. Dann werden die Regelungen festgelegt, das System
betrieben und weiter gepflegt und schließlich dessen Leistungsfähigkeit ständig
verbessert. Das bedeutet, dass das System und dessen Regelungen nicht einmal für
alle Zeiten festgeschrieben werden, sondern ständig weiterentwickelt und weiter
optimiert werden. Das ist notwendig, weil sich immer wieder äußere und innere
Umstände ändern und das System deshalb immer wieder angepasst werden muss.

   Das Unternehmen muss außerdem alle Prozesse festlegen, die in irgendeiner
Art und Weise die Qualität beeinflussen können. Die Qualität beeinflussen in der
Regel Prozesse, die unmittelbar zum Produkt oder der Leistung beitragen, die
sogenannten wertschöpfenden Prozesse. Des Weiteren beeinflussen auch Prozesse

die Qualität, die diese wertschöpfenden Prozesse unterstützen. Das sind die unterstützenden Prozesse, die Führungsprozesse und die Verbesserungsprozesse. Folgende Tätigkeiten rund um das Handhaben der Prozesse müssen festgelegt werden:

- Eingaben und Ergebnisse der Prozesse
  Was geht rein in die Prozesse und was kommt heraus bzw. ist Ziel des ganzen Prozesses?
- Reihenfolge und gegenseitige Beeinflussung der Prozesse
  Welcher Prozess folgt auf welchen anderen Prozess; wie sind die Prozesse verbunden; wo gibt es Schnittstellen?
- Merkmale und Methoden für die Durchführung und Steuerung der Prozesse
  Was hilft den Mitarbeitern, die Arbeiten richtig zu erledigen; woran können die Mitarbeiter erkennen, dass sie etwas richtig gemacht haben; wie werden die Arbeitsergebnisse überwacht?
- Überwachungs- und Messmethoden sowie Kennzahlen für die Prozesse
  Gibt es Kennzahlen, die etwas über die „Qualität" des Prozesses aussagen oder die das Prozessergebnis oder das Prozessziel messen?
- Notwendige Ressourcen
  Haben die Mitarbeiter alle notwendigen Werkzeuge, Informationen, genügend Platz? Gibt es genügend Mitarbeiter oder sind alle überlastet?
- Verantwortungen und Befugnisse
  Kümmert sich jemand um den Prozess? Wer nimmt die einzelnen Aufgaben im Prozess war?
- Risiken und Verbesserungsmöglichkeiten
  Was kann passieren, wenn etwas schief läuft? Was kann dagegen unternommen werden? Wie kann der Prozess noch verbessert werden?
- das Bewerten der Prozesse und das Umsetzen von Änderungen
  Wie gut läuft der Prozess? Wer kümmert sich um Änderungen? Haben die Änderungen gegriffen?
- das Verbessern der Prozesse
  Haben Änderungen eine Verbesserung erzielt? Kann diese Verbesserung gemessen werden?

Das bedeutet anders ausgedrückt, die Prozesse müssen mit diesen Festlegungen „gemanagt" werden.

Wie kann die praktische Umsetzung erfolgen? (Praxistipps)
Sicherlich wird jedes Unternehmen, das zertifiziert werden möchte, ein Qualitätsmanagementsystem einführen und dieses in einem Regelwerk beschreiben.

Beim Aufbau eines Managementsystems müssen in einem ersten Schritt die grundsätzlichen Abläufe (Geschäftsprozesse) eines Unternehmens herausgearbeitet werden. Dabei müssen bei einem Qualitätsmanagementsystem nur die Prozesse berücksichtigt werden, die Einfluss auf die Qualität haben. Das sind zum einen die Prozesse, die unmittelbar zum Produkt oder der Leistung beitragen (= wertschöpfende Prozesse), zum anderen aber auch die unterstützenden Prozesse die Führungsprozesse und die Verbesserungsprozesse. Die groben Zusammenhänge dieser Prozesse können in einer abstrakten Grafik – einer Prozessübersicht oder Prozesslandschaft – beschrieben werden (siehe auch Abb. 2.3).

Dabei soll die Einteilung der DIN EN ISO 9001 in einzelne Themenblöcke nicht als Vorlage für eigene Prozesse dienen (siehe auch Abschn. 7.5.2). Nicht jedes Unternehmen hat eine „Betriebliche Planung und Steuerung", ein „Bestimmen, Überprüfen und Ändern von Anforderungen an Produkte und Dienstleistungen" oder eine „Steuerung von extern bereitgestellten Prozessen, Produkten und Dienstleistungen", sondern vielleicht eine „Arbeitsvorbereitung", eine „Produktionsplanung", einen „Vertrieb", eine „Reklamationsabwicklung", eine „Fertigung" und eine „Logistik". Es sollten die unternehmenseigenen Prozesse beschrieben werden. Als Titel für die Prozesse sollten unbedingt die Begriffe verwendet werden, die bereits im Unternehmen existieren. So können sich die Mitarbeiter sofort mit „ihrem" Prozess identifizieren.

Aus der Praxis: Der Mensch ist ein Gewohnheitstier
In einem Unternehmen wurden im neuen Handbuch die neuen Begriffe „Projektmanagement" und „Projektleiter" statt „Projektabwicklung" und „Abwickler" verwendet, weil sie sich vermeintlich besser anhörten. Die neuen Begriffe werden jedoch von den Mitarbeitern nie akzeptiert. Das führte jahrelang zur begrifflichen Verwirrung bei den Audits, weil der Auditor die neuen Begriffe aus dem Handbuch verwendete, die Mitarbeiter aber die alten Begriffe. Nach fünf Jahren wurden die Begriffe im Handbuch in „Projektabwicklung" und „Abwickler" geändert und die Missverständnisse hatten ein Ende.

Das erstmalige Festlegen einer Prozessübersicht oder Prozesslandschaft eines Unternehmens kann wie die Strategie im Rahmen eines moderierten Workshops der Führungskräfte erfolgen. Es sind alle Abteilungen und Bereiche gleichermaßen berücksichtigt und keine Führungskraft im Unternehmen wird übergangen.

Dabei wird jedoch oft der Fehler gemacht, dass die Aufbauorganisation mit der Ablauforganisation verwechselt oder gar vermischt wird. Zum Beispiel muss der Prozess Vertrieb nicht komplett in der Abteilung Vertrieb stattfinden. Der Prozess endet oft in der Auftragsabwicklung oder wird teilweise von einem

Außendienst oder Innendienst unterstützt, der einer Serviceabteilung angehört. Das kann bei den Mitarbeitern zu Verwirrung führen und sollte in einer Prozessübersicht (Ablauforganisation) und einem Organigramm (Aufbauorganisation) klar herausgearbeitet werden.

Jedes Unternehmen muss für sich festlegen, wie es mit seinen Prozessen umgehen möchte. Dabei gibt es zwei grundsätzliche Trends:

1. Komplettes Management aller Prozesse durch einen Qualitätsmanagementbeauftragten oder einen Haupt-Prozessverantwortlichen (bei kleineren Unternehmen sinnvoll)

   Das war die bisher übliche Variante des Prozessmanagements: Der Qualitätsmanagementbeauftragte ist „Herr" über die QM-Dokumentation, die auch die Prozessbeschreibungen beinhaltet. Vorteil: Alle Informationen laufen an einer Stelle zusammen. Prozessübergreifende Änderungen können auf einander abgestimmt werden. Nachteilig ist, dass sich die einzelnen Führungskräfte und auch die Mitarbeiter nicht mit den Prozessen identifizieren. Die Prozesse dümpeln oft in irgendeinem Handbuch herum und werden einmal jährlich zu Audit herausgeholt. Eine tatsächliche Steuerung mit der Prozessdokumentation ist so nicht möglich.

2. Management der Prozesse durch festgelegt Prozessverantwortliche (bei größeren Unternehmen sinnvoll)

   Die Verantwortung für die Prozesse wird ausgewählten Mitarbeitern anvertraut. Diese kümmern sich als Prozesseigner um folgende Aufgaben bezüglich ihres Prozesses:

- Erstellung und Pflege der Prozessdokumentation
- Erstellung und Pflege der mitgeltenden Dokumente, wie Formulare, Vorlagen, …
- Schulung des Mitarbeiterteams
- Einarbeitung neuer Mitarbeiter in den Prozess
- Überwachung des Prozesses, Beobachtung der Kennzahlen und Führen von Auswertungen
- Ständige Prozessoptimierung zusammen mit dem Team
- Umsetzung und Kontrolle der Verbesserungsmaßnahmen
- Abstimmung mit anderen Prozessen und Prozesseignern bezüglich Übergabestellen

Die Darstellungsform der Prozesse ist völlig freigestellt. Diese können beschrieben werden als

- Prozessübersichten,
- Prozessdiagramme, Turtle-Diagramme,

- Textliche Beschreibungen,
- Flussdiagramme, oft kombiniert mit Tabellen oder Schwimmbahndiagrammen,
- IT-Workflows.

Um einen Prozess beschreiben zu können, sind nicht nur die Tätigkeiten im Prozess wichtig, sondern auch das „Drumherum": Was geht in den Prozess ein, wer kümmert sich darum, was kommt heraus und wie wird das gemessen, welche Ressourcen werden benötigt usw. Für das Prozessmanagement werden in der Regel folgende Daten festgelegt:

- Prozessverantwortlicher, Prozesseigner
- Ziel und Zweck
- Input, Output (Eingaben, Ergebnisse)
- Kenngrößen, Kennzahlen für das Messen der Ziele
- Risiken und Chancen inkl. Maßnahmen
- Mitgeltende Unterlagen, wie Formulare, Checklisten, Anweisungen, sonstige Informationen

Diese können bei Bedarf z. B. durch folgende Größen ergänzt werden:

- Prozesskunde, Prozesslieferant, Prozessbeteiligter
- Verteiler
- Benötigte Ressourcen
- Notwendige Qualifikation
- Anforderungen von Kunde, Gesetzgeber, Unternehmen
- Schnittstellen zu anderen Prozessen oder Kunden
- Verwendete Abkürzungen und Begriffe

Die Daten der einzelnen Prozesse können in einem Deckblatt in den jeweiligen Prozessbeschreibungen aufgeführt werden oder als Tabelle zusammengefasst werden.

Über das schriftliche Festlegen der Prozesse und deren Vorgehensweise wird die Umsetzung der Prozesse gesteuert und unterstützt. Außerdem wird nur so gewährleistet, dass die Prozesse so umgesetzt werden, wie es einmal angedacht war. Bei mündlichen Regelungen ist das schwieriger nachzuvollziehen, da verliert man eher den Überblick.

Die Norm hat noch weitergehende Forderungen an die einzelnen Prozesse (siehe Normkapitel 5–10), die den Inhalt der einzelnen Prozesse betreffen.

Wie leistungsfähig ein Prozess ist bzw. ob der Prozess das liefern kann, was er liefern sollte, kann durch Prozesskennzahlen gemessen werden. Mögliche Kennzahlen sind:

- Kosten
- Zeit
- Prozessleistung
  - Anzahl/Zeit
  - Input/Output
  - Ausschussquote
  - Anteil Rückfragen, Rückläufer, interne und externe Reklamationen oder Fehler usw.
- Spezielle Kennzahlen, wie
  - Wartezeit
  - Anzahl bestimmter Vorkommnisse

Es ist auch möglich, einen Prozess indirekt zu messen, also vom Prozessergebnis auf den Prozess rückzuschließen. Nur ein guter Prozess sollte zu einem guten Ergebnis führen. Ein schlechter Prozess wird auch ein schlechtes Produkt oder Ergebnis zur Folge haben. Gerade bei Dienstleistern ist die Prüfung des Ergebnisses manchmal die einzige Möglichkeit, Prozesse zu messen. Bei personennaher Dienstleistung, wie die eines Arztes oder einer Beratung, ist das Ergebnis selbst

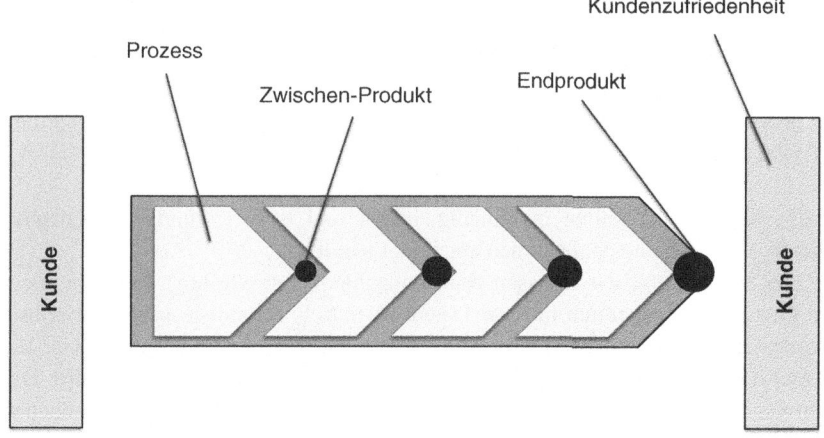

Abb. 4.1 Messungen im Qualitätsmanagementsystem

nicht messbar. Hier kann oft nur die Kundenzufriedenheit gemessen werden. Die unterschiedlichen Punkte für Messungen sind in Abb. 4.1 dargestellt.

Leitet man die Prozesskennzahlen von den Kundenanforderungen ab, ergibt dies ein anderes Bild. In einem Führungskräfteworkshop kann versucht werden, die Anforderungen der Kunden an das Produkt zusammenzutragen. Im Anschluss wird dann der Beitrag der einzelnen Prozesse an der Erfüllung dieser Anforderungen bestimmt. Es können speziellere Kennzahlen sein, die vor allem bei Dienstleistungsprozessen zur Anwendung kommen.

Aus der Praxis: Die Zusammenhänge zwischen der Produktlebensdauer und der Mitarbeiterfluktuation

Die Herleitung von Prozesskennzahlen aus den Kundenanforderungen sieht bei einem Elektrogerätehersteller so aus:

Die hauptsächlichen Produktanforderungen, die die Kunden an die Produkte dieses Herstellers stellen, sind die Langlebigkeit der Geräte und der kompetente Kundenservice, der weit über die übliche Gewährleistungsdauer hinausgeht.

Die Anforderungen an den Kundenservice haben entsprechende Konsequenzen für die Anforderungen an verschiedene Prozesse:

Der Service benötigt eine lange Ersatzteilverfügbarkeit, was wiederum Konsequenzen auf die Entwicklung der Produkte hat. Die Konstrukteure müssen Zukaufteile einplanen, die lange verfügbar sind. Dazu muss der Konstrukteur wiederum eng mit der Beschaffung zusammenarbeiten, die die geeigneten Anforderungen an ihre Lieferanten stellt. Die Beschaffung muss also für eine langjährige Bindung der Lieferanten und eine langjährige Ersatzteilverfügbarkeit sorgen.

Außerdem sollten die erfahrenen Servicemitarbeiter, die den langjährigen guten Service gewährleisten, an das Unternehmen gebunden werden. Das bedeutet, dass es Anforderungen an den Prozess der Mitarbeiterentwicklung gibt. Hier ist die Fluktuation eine mögliche Kennzahl.

Diese Kennzahlen sollten regelmäßig erfasst und bewertet und dann entsprechende Verbesserungsmaßnahmen abgeleitet werden.

Der Aufwand für das Erfassen von Kennzahlen kann sehr hoch sein. Vor allem im Dienstleistungsbereich müssen Daten oft mittels Strichliste per Hand erfasst werden. Der Aufwand kann sinnvoll begrenzt werden, indem beispielsweise die Dauer der Erfassung auf einen repräsentativen Zeitraum eingeschränkt wird. Der Aufwand sollte immer mit dem Ergebnis, nämlich dem Wert der gewonnenen Erkenntnisse, abgewogen werden.

Ist ein Parameter gar nicht messbar oder der Aufwand nicht vertretbar, darf auch geschätzt oder benotet werden.

Aufgaben der Geschäftsleitung im Qualitätsmanagementsystem

5

Zusammenfassung

Im Kapitel „Führung" geht es um die Aufgaben der Unternehmensleitung im Rahmen des Qualitätsmanagementsystems. Die Leitung hat die Gesamtverantwortung für das System und muss das System mittragen und unterstützen. Sie verteilt die Aufgaben und bestimmt die Hierarchie im Unternehmen.

Normabschnitt 5 Führung

5.1 Sich zur Qualität verpflichten

Normabschnitt 5.1 Führung und Verpflichtung

5.1.1 Die Führung steht in der Pflicht

Normabschnitt 5.1.1 Allgemeines

Was will die Norm erreichen?
Die oberste Führungsebene übernimmt die Gesamtverantwortung für das Qualitätsmanagement im Unternehmen. Die Geschäftsführung fördert das Qualitätsmanagementsystem aktiv.

© Springer Fachmedien Wiesbaden 2016
S. Brugger-Gebhardt, *Die DIN EN ISO 9001:2015 verstehen*,
DOI 10.1007/978-3-658-14495-1_5

Was meint die Norm genau?

Die Geschäftsführung muss nicht nur die Verantwortung für das Qualitätsmanagementsystem übernehmen, die Führungskräfte müssen zum Qualitätsmanagementsystem bekennen und sich aktiv einbringen. Ein Unternehmen wird von der Unternehmensleitung geprägt, geführt und gesteuert. Das Qualitätsmanagementsystem ist ein Steuerungsinstrument, das zwingend von der Unternehmensleitung anzuwenden und im gesamten Unternehmen zu fördern ist. Steht die Führung nicht hinter dem Qualitätsmanagementsystem und nutzt das System nicht zum Führen, dann kann das Qualitätsmanagementsystem nicht funktionieren.

Die oberste Leitungsebene hat folgende Verpflichtungen im Qualitätsmanagementsystem:

- Rechenschaft für den Erfolg des Qualitätsmanagementsystems ablegen
  Die Rechenschaftspflicht ist nicht übertragbar, beispielsweise auf einen eingesetzten Qualitätsmanagementbeauftragten …
- Sicherstellen, dass Politik und Ziele festgelegt werden
  In der Unternehmensausrichtung muss Qualität eine Rolle spielen …
- Einbringen der Regelungen des Qualitätsmanagementsystems in die Geschäftsprozesse
  Es soll nur noch ein Regelwerk zur Führung des Unternehmens geben, nicht mehr das Qualitätsmanagementsystem und das andere System …
- Fördern von Prozessdenken und Risikobewusstsein im Unternehmen
  Der Stellenwert von Prozessorientierung und risikobasiertem Denken ist immens gestiegen …
- Genügend Ressourcen zur Verfügung stellen (Mitarbeiter, Zeitkontingent, finanzielle Mittel für externe Leistungen, Infrastruktur)
  Ohne ausreichende Ressourcen gibt es keinen Erfolg, sondern nur Mangelverwaltung …
- Die Wichtigkeit des Erfolges und des Umsetzens des Qualitätsmanagementsystems vertreten
  Die Führungsmannschaft steht voll hinter dem Qualitätsmanagementsystem …
- Sicherstellen, dass das Qualitätsmanagementsystem seine Zielsetzung erfüllt
  Die Führung muss ja auch Rechenschaft darüber ablegen …
- Mitarbeiter beauftragen, anleiten und unterstützen
  Dies ist nicht Aufgabe eines Qualitätsmanagementbeauftragten, sondern jeder Führungskraft …
- Verbesserung fördern
  Dies ist nicht Aufgabe eines Qualitätsmanagementbeauftragten, sondern jeder Führungskraft, wegen der Vorbildfunktion …

- Andere Führungskräfte bei QM-Aufgaben unterstützen
  Es handelt sich um einen Ansatz, der von oben nach unten durch das Unternehmen geht, ein sogenannter Top-Down-Ansatz ...

Die einzelnen Verpflichtungen sind in den weiteren Unterkapiteln zu Normkapitel 5 und anderen Kapiteln näher erläutert.

Wie kann die praktische Umsetzung erfolgen?
Es gibt das geflügelte Wort: „Der Fisch stinkt vom Kopf". Das heißt übersetzt für Unternehmen: Die oberste Leitung prägt das Unternehmen bis zum kleinsten Mitarbeiter. Ob ein Unternehmen gut oder schlecht funktioniert, liegt nicht an der Mannschaft, sondern ausschließlich an der Führung. Nur, wenn die Geschäftsleitung zu 100 % hinter dem Projekt Qualitätsmanagement steht und ihre Aufgaben vorbildlich wahrnimmt, kann das Projekt QM gelingen. Und nur dann ist die Nutzung der Vorteile möglich, die mit einem Qualitätsmanagementsystem verbunden sind.

▶ Nur wenn die Geschäftsleitung voll hinter dem Qualitätsmanagementsystem steht, ist die sinnvolle Einführung und Umsetzung eines Managementsystems möglich.

Daher muss die oberste Geschäftsleitung die Schlüsselverantwortung im Qualitätsmanagementsystem übernehmen. Die Leitung stellt sicher, dass das QM-System funktioniert. Sie muss bestimmte Verpflichtungen wahrnehmen, unter anderem die Aufgabe, die Regelungen des Qualitätsmanagementsystems in die „normalen" Geschäftsprozesse zu integrieren. Das System soll im unternehmerischen Alltag ankommen und im täglichen Geschäft genutzt werden.
In manchen Unternehmen ist also ein Kulturwandel notwendig, wenn ein Qualitätsmanagementsystem eingeführt werden soll. Auch wenn ein bestehendes QM-System sinnvoll umgesetzt werden soll, muss sich in manchen Unternehmensköpfen noch viel ändern.

Aus der Praxis: Geschäftsleitung als Vorbild?
Bei einem Anlagenbauunternehmen wurde ein Qualitätsmanagementsystem eingeführt. Es gab seit Jahren Probleme in der Produktion: Die Produktionsplanung und -steuerung funktionierte nicht, es kam immer wieder zu Verspätungen. Daher wurde ein wöchentliches Meeting eingeführt, in dem die anstehenden Aufträge besprochen wurden. Der Bereichsleiter Technik wurde zudem damit betraut, eine detailliertere Ressourcenplanung einzuführen und Produktionsvorschau zu erstellen.

Das Meeting wurde einige Monate betrieben, aber leider ohne Erfolg. Bei einem Audit wurde die Ursache ermittelt: Der technische Geschäftsführer hebelte das geschaffene System damit aus, dass er kurzfristig Aufträge an die Produktion vergab, ohne jede Rücksprache mit den Verantwortlichen. Er umging also die Regelungen und die Hierarchie im Unternehmen. Dadurch kam die gesamte Produktionsplanung durcheinander. Die Situation besserte sich erst, als der technische Geschäftsführer das Unternehmen verließ und die Regelungen von allen Beteiligten eingehalten wurden. Inzwischen funktioniert das System sehr gut und die Aufträge werden termintreu ausgeliefert.

5.1.2 Wissen, was die Kunden wollen

Normabschnitt 5.1.2 Kundenorientierung

Was will die Norm erreichen?
Die Geschäftsleitung richtet das gesamte Unternehmen und seine Prozesse an den Kundenanforderungen und an der Kundenzufriedenheit aus.

Was meint die Norm genau?
Die Kundenwünsche und Vorgaben müssen ermittelt werden. Dazu gehören nicht nur die Wünsche, die der Kunde mit der Bestellung äußert, sondern auch die Wünsche, die er als selbstverständlich voraussetzt. Ein Kunde bestellt beim Bäcker ein Brot und setzt nicht nur voraus, dass es schmeckt, sondern auch, dass es durchgebacken ist und dass es nach den gesetzlichen Vorgaben an die Hygiene und die Inhaltsstoffe entstanden ist. Auch die gesetzlichen Vorgaben sind ein Teil der Anforderungen an die Produkte. Diese Kundenwünsche und die gesetzlichen Vorgaben müssen nicht nur ermittelt und verstanden werden, sondern natürlich auch erfüllt werden.

Neben den Anforderungen der Kunden gibt es auch Risiken, die das Unternehmen dabei hindern können, die Anforderungen zu erfüllen. Auch diese Risiken müssen festgestellt und angegangen werden.

Das Ermitteln von Anforderungen, Risiken und Chancen ist kein einmaliger Prozess, sondern eine ständige Aufgabe, da sich die Ansprüche der Kunden oder die gesetzlichen Vorgaben ständig ändern. Der Kunde soll letztlich immer noch zufriedener werden.

Und das alles ist ureigene Aufgabe der Geschäftsleitung, da das ganze Unternehmen auf den Kunden und dessen Wünsche ausgerichtet werden soll.

Wie kann die praktische Umsetzung erfolgen?
Bei den Kundenanforderungen kann unterschieden werden, ob ein Unternehmen Einzelaufträge der Kunden abarbeitet oder Produkte für den Markt produziert. Beim Einzelauftrag, z. B. im Anlagenbau, wird das Unternehmen die Kundenwünsche und -anforderungen in mehreren aufeinanderfolgenden Schritten erfassen und immer weiter präzisieren. Beim Serienprodukt für den Markt, z. B. Gebrauchsgüter, steht am Anfang eine Marktanalyse, bei der die Kundengruppen, die Mitbewerber und die eigene Produktzusammenstellung untersucht werden.

▶ Nur wenn die Geschäftsleitung versteht, was der Kunde möchte, kann die Leitung das gesamte Unternehmen auf das Ziel „Erfüllung der Kundenwünsche" ausrichten und für eine gute Qualität im gesamten Unternehmen sorgen.

Die Kundenwünsche werden in der Regel durch folgende Methoden erfasst:

• Kundenbefragung (aktiv oder passiv, telefonisch, persönlich, schriftlich, über Außendienstmitarbeiter, Fokusgruppen …)
• Kundenrückmeldungen, Kundenanfragen
• Marktanalysen, Messebesuche, Fachtagungen, Benchmarking (Kennzahlenvergleich)
• Entwicklung der eigenen Umsatzzahlen

Nach der Erfassung müssen die Anforderungen dann sortiert und bewertet werden. Das ist in einem Team von Mitarbeitern und Führungskräften, die die Wünsche der Kunden kennen, am besten zu bewerkstelligen. Bei manchen Unternehmen sind gesamte Abteilungen dafür zuständig. Es gilt: Je komplexer ein Produkt, desto höher der Aufwand, der hier betrieben wird.

Aus der Praxis: Ein Dorf als Testgelände
Haßloch ist eine Hochburg der Marktforschung. Hier befindet sich ein Testmarkt der Gesellschaft für Konsumforschung (GfK). Im Haßlocher Einzelhandel sind vorab Produkte erhältlich, die erst in Zukunft in der Bundesrepublik Deutschland eingeführt werden sollen. In das örtliche Kabelnetz werden eigene Werbespots für diese Produkte eingeblendet, einzelne Zeitungen werden speziell für Haßloch mit Anzeigen für die neuen Produkte

herausgegeben. Einige Einwohner besitzen außerdem Karten mit Strichcodes, die beim Einkauf gescannt werden, sodass eine Zuordnung der Einkäufe zu einzelnen Haushalten oder Personen möglich wird.

Die GfK kann damit ermitteln, wie die getesteten Produkte von den Kunden angenommen werden. Die Erfahrungen, die die GfK hier macht, stimmen zu 90 % mit späteren Marktdaten überein.

Ausgewählt wurde Haßloch deshalb, weil dieser Ort eine Bevölkerungsstruktur aufweist, die nach verschiedenen Kriterien dem deutschen Durchschnitt sehr nahe kommt – etwa in der Altersstruktur und den sozialen Schichten. Auch nimmt Haßloch eine Mittelstellung zwischen städtischer und dörflicher Struktur ein.

5.2   Strategie Qualität

Normabschnitt 5.2 Politik

Was will die Norm erreichen?
Die Geschäftsleitung legt die grundlegende Strategie in Sachen Qualität in einer Qualitätspolitik fest. Dabei berücksichtigt sie bestimmte Vorgaben der Norm.

Was meint die Norm genau?
Die Geschäftsführung muss eine Qualitätspolitik festlegen, einführen und aktuell halten. Dabei müssen folgende Punkte berücksichtigt werden:

- Die Politik muss sinnvoll sein in Bezug auf das Umfeld des Unternehmens und seine strategische Ausrichtung.
- Aus der Politik müssen Ziele abgeleitet werden können.
- Sie muss eine Aussage zum Erfüllen der Kundenwünsche und/oder der gesetzlichen Vorschriften beinhalten.
- Sie muss eine Aussage zur ständigen Verbesserung enthalten.
- Die Politik muss schriftlich fixiert werden.
- Sie muss im Unternehmen kommuniziert werden.
- Sie muss den interessierten Parteien verfügbar sein, wenn das sinnvoll erscheint.

Wie kann die praktische Umsetzung erfolgen?
Basis für die Qualitätspolitik sind die Anforderungen der Kunden (siehe Normkapitel. 5.1.2), die Anforderungen der interessierten Parteien (siehe Normkapitel. 4.2) und die gesetzlichen Anforderungen an die Produkte und Leistungen des
Unternehmens.
   Eine neue Qualitätspolitik kann in einem Workshop im Führungskreis erarbei-
tet werden. Sind bereits Unternehmenspolitik oder Unternehmensleitlinien vorhanden, sollten diese bestehen bleiben und durch die Qualitätsgesichtspunkte, die
oben als Normforderung genannt sind, ergänzt werden.
   Eine Politik darf dabei gerne visionär sein. In der Politik wird eine Zielsetzung
formuliert, die nicht erreichbar sein muss, aber eine Richtung vorgibt, in die das
Unternehmen als Ganzes strebt. Wie bei einer Wanderung, bei der der Gipfel des
Berges gar nicht erreicht werden muss. Die vorgegebene Richtung ist aber nach
oben.
   Die Qualitätspolitik sollte zum Unternehmen passen. Die Politik für einen
handwerklichen Kleinbetrieb sieht mit Sicherheit ganz anders aus als die Politik
für einen Großkonzern. Die Geschäftsleitung kann sich dazu die Frage stellen:
Was macht uns zu etwas Besonderem, warum sollen die Kunden bei uns kaufen?

▶   Die Politik sollte so formuliert sein, dass sie von allen Mitarbeitern ver-
    standen wird. Die Mitarbeiter müssen schließlich die Politik mittragen.

Außerdem muss die Politik als oberste Handlungsanweisung im Unternehmen
bekannt sein. Möglichkeiten hierzu sind:

- Aushang am schwarzen Brett oder in Sozialräumen
- Intranet
- Rundschreiben oder Mitarbeiterzeitung
- Flyer oder Kärtchen zum Verteilen
- Schulung bei Besprechungen

Die Politik wird auch oft als Aushängeschild gegenüber den Kunden und anderen
interessierten Kreisen genutzt. Die zentralen Anforderungen der Kunden und der
interessierten Parteien an die Produkte oder Leistungen des Unternehmens sollten
in der Qualitätspolitik aufgegriffen werden. Ist eine dieser zentralen Forderungen
zum Beispiel eine schnelle Lieferung, dann sollte eine entsprechende Aussage
darüber in der Politik zu finden sein.
   Die ständige Verbesserung von Produkten, Prozessen und der Organisation
ist ein zentrales Element im Qualitätsmanagement. Qualitätsmanagement ist

nie statisch, sondern sollte ständig weiterentwickelt werden, um den steigenden Ansprüchen an das Unternehmen gerecht zu werden. Daher muss eine Aussage hierzu in der Politik gemacht werden.

Wenn die zentralen Anforderungen Teile der Qualitätspolitik sind, dann ist es einfach, aus diesen Forderungen konkrete Ziele für das Unternehmen abzuleiten (siehe Abb. 6.1).

Aus der Praxis: Qualitätspolitik für Techniker
Beispiel für eine einfache und stimmige Qualitätspolitik eines Autohauses:

- Persönliche Kundenbetreuung unter familiärer Atmosphäre
- Unkomplizierte Hilfe und vernünftige Lösungen für unsere Kunden
- Faire Behandlung der Kunden und der Mitarbeiter
- Angemessene Organisation, eigenverantwortliche Mitarbeiter
- Ständige Verbesserung der Qualität unserer Leistungen und Fehlervermeidung

Mit dem Unternehmen muss auch die Unternehmenspolitik mitwachsen. Daher sollte die Qualitätspolitik an veränderte Umstände angepasst werden. Dies kann die Geschäftsleitung z. B. in der Managementbewertung aufgreifen und sich dort regelmäßig die Frage stellen: Passt die Qualitätspolitik noch zu uns?

5.3   Wer macht was und wer darf was?

Normabschnitt 5.3 Rollen, Verantwortlichkeiten und Befugnisse in der Organisation

Was will die Norm erreichen?
Alle Mitarbeiter wissen, wer für was verantwortlich ist und wer über was bestimmen darf.

Was meint die Norm genau?
Die Geschäftsführung muss festlegen, welcher Mitarbeiter welche Aufgaben im Unternehmen übernimmt. Doch nicht nur die Aufgaben, auch die Befugnisse dazu müssen erteilt werden. Die Aufgabenverteilung und die Verantwortlichkeiten

müssen allen Mitarbeitern bekannt sein. Auf diese Weise wird vermieden, dass Aufgaben doppelt ausgeführt werden, es Kompetenzgerangel gibt, dass Arbeiten gar nicht ausgeführt werden oder dass jemand nicht weiß, wen er zu bestimmten Themen ansprechen kann.

Diese Aufgaben müssen festgelegt werden:

* Ein Mitarbeiter muss überwachen, ob die Anforderungen der DIN EN ISO 9001 im Qualitätsmanagementsystem berücksichtigt worden sind.
* Jemand muss sich darum kümmern, dass die Prozesse ihre Ergebnisse erreichen.
* Die Leistungsfähigkeit und die Möglichkeiten für weitere Verbesserungen müssen an die Geschäftsleitung berichtet werden.
* Die Ausrichtung auf den Kunden muss gefördert werden.
* Das Funktionieren des Qualitätsmanagementsystems bei Änderungen muss gewährleistet werden.

Wie kann die praktische Umsetzung erfolgen?
Grundsätzlich kann die Festlegung von Verantwortlichkeiten in einem Unternehmen auch mündlich erfolgen. Ab einer bestimmten Mitarbeiteranzahl (etwa mehr als fünf Mitarbeiter) macht es aber Sinn, Aufgaben und Verantwortlichkeiten schriftlich festzulegen.

Für die schriftliche Festlegung gibt es mehrere Möglichkeiten:

* Organigramm
* Verantwortungsmatrix
* Funktions- und Stellenbeschreibungen
* Verantwortlichkeiten in den Prozessbeschreibungen
* Verträge
* Vollmachten
* Benennungsschreiben, Bestellungsurkunden

▷ **Irrtum Nr. 2: Ein Organigramm ist für ein zertifiziertes Unternehmen Pflicht**
Ein kleines, neu gegründetes Handelsunternehmen mit drei Mitarbeitern benötigte ein Zertifikat nach DIN EN ISO 9001. Jeder Mitarbeiter im Unternehmen musste fast alle Aufgaben übernehmen. Lediglich

die Leitungsaufgaben verblieben bei der Geschäftsleitung. Daher wurde die Aufgabenverteilung im kompakten Handbuch durch Aufgabenschwerpunkte für die einzelnen Mitarbeiter beschrieben. Auf ein Organigramm und auf Stellenbeschreibungen wurde bewusst verzichtet – bis zum Zertifizierungsaudit. Der Zertifizierungsauditor bestand auf einem Organigramm, da es die Norm verlangt. Der Auditor bekam sein Organigramm. Im nächsten Jahr nach einem Auditorenwechsel wurde das sinnlose Organigramm wieder aus dem Handbuch entfernt.

Wie diesem Unternehmen geht es auch anderen: Das Organigramm ist als grafische Darstellung der Hierarchie im Unternehmen bereits so etabliert, dass es als Pflicht erscheint. Das Organigramm ist jedoch nur eine von vielen Methoden, die Weisungsbefugnisse darzustellen und zu kommunizieren. Und bei ganz kleinen Unternehmen gibt es viele mündliche Regelungen, die bei einfachen Sachverhalten auch völlig ausreichen.

Wenn jemand eine Aufgabe bekommt, muss er diesen Verantwortungsbereich auch ausgestalten können.

▶ Grundsätzlich sollte beachtet werden, dass nie Verantwortungen ohne die entsprechenden Befugnisse übertragen werden.

Denn wie soll eine Führungskraft ihre Aufgaben umsetzen, wenn sie nicht die entsprechenden Mittel, Informationen und Entscheidungsfreiheiten bekommt? Nichts ist frustrierender, als für einen Bereich verantwortlich zu sein, der nicht funktioniert, weil man keine Änderungen veranlassen darf …

In vielen Unternehmen gibt es nicht nur die großen Zuständigkeiten, sondern auch kleinere Aufgaben und Verantwortungen, die möglichst gerecht auf alle Mitarbeiter verteilt werden sollen. Es ist zweckmäßig, diese in einer Liste darzustellen und auszuhängen.

Aus der Praxis: Hilfe in allen Lebenslagen

In vielen Unternehmen findet sich am schwarzen Brett eine sogenannte Telefonliste, die viel mehr ist als das: Sie ist eine umfassende Liste mit Ansprechpartnern und Zuständigkeiten.

In einer solchen Liste sind nicht nur der obligatorische Ersthelfer und der Arbeitssicherheitsbeauftragte genannt, alle Beauftragten können dort verzeichnet werden. Außerdem sind die Ansprechpartner für die unterschiedlichen Belange der Mitarbeiter dort genannt: Der zuständige Ansprechpartner für den

Fuhrpark, für die Korrektur der Stempelzeiten, für defekte Lampen, für einen Parkplatz, für die Werkzeugausgabe usw. Dies erleichtert nicht nur neuen Mitarbeitern, sondern auch den „alten Hasen" ohne großes Nachfragen den richtigen Ansprechpartner für alle möglichen Lebenslagen zu finden.

Für bestimmte Schlüsselpositionen im Unternehmen ist eine Stellvertreterregelung notwendig. Für die Kunden und für wichtige Aufgaben sollte immer ein Ersatzansprechpartner verfügbar sein.

Früher nach der DIN EN ISO 9001:2008 war es noch üblich, dass alle Qualitätsmanagementsystem-relevanten Aufgaben in einer Person gebündelt wurden, dem „Beauftragten der obersten Leitung". Inzwischen verfolgt die Norm eine andere Strategie bei der Verteilung der Qualitäts-Aufgaben: Die Aufgaben sollen in der Führungsebene möglichst breit gestreut werden. So möchte die Norm eine bessere Akzeptanz der Qualitätsmanagementsystem-Instrumente und -Themen im Unternehmen erreichen.

Bei größeren Organisationen geht man also jetzt dazu über, die Verantwortung für die Prozesse auf mehrere Schultern zu verteilen. Es wird eine weitere Führungsebene geschaffen: Die Prozesseigner oder Prozessverantwortlichen. Diese Prozesseigner sind für das Prozessmanagement mit verantwortlich (siehe Kap. 2).

Bei kleineren Unternehmen ist es aber nach wie vor sinnvoll, die Prozessverantwortung bei einer Person zu bündeln. Entweder nimmt der Geschäftsführer die Verantwortung selber wahr, oder er benennt einen Verantwortlichen. Dieser „Prozess-Beauftragte" oder „QM-Verantwortliche" nimmt dann die klassischen Aufgaben als Qualitätsmanagementbeauftragter wahr, wie Pflege der Dokumentation, interne Audits, Kennzahlenauswertung, Qualitäts-Schulungen, usw.

Nicht einfach so, sondern vorher überlegen

6

Zusammenfassung

Ohne eine Planung lässt sich nichts zielführend umsetzen. So könnte der Inhalt von Kap. 6 der Norm zusammengefasst werden. Nur wenn das Unternehmen weiß, wohin die Reise geht und welche Gefahren und Möglichkeiten existieren, kann die nächste Etappe auf dem Weg zu Erfolg festgelegt werden.

Normabschnitt 6 Planung

6.1 Risiken verringern, Chancen nutzen

Normabschnitt 6.1 Maßnahmen zum Umgang mit Risiken und Chancen

Was will die Norm erreichen?
Grundsätzlich werden beim Planen mögliche Risiken rechtzeitig erkannt und mögliche Chancen zur Verbesserung genutzt.

Was meint die Norm genau?
Bei jeglichem Planen von Prozessen und Regelungen muss sich das Unternehmen Gedanken zu möglichen Folgen und Erfolgen machen: Was könnte den Erfolg des Prozesses oder der Tätigkeiten beeinflussen oder gar gefährden? Gibt es vielleicht Alternativen, die genutzt werden können, um etwas von vornherein besser zu machen? Kurz und knapp: Gibt es Risiken und Chancen, die bei der Planung berücksichtigt werden sollten?

© Springer Fachmedien Wiesbaden 2016
S. Brugger-Gebhardt, *Die DIN EN ISO 9001:2015 verstehen*,
DOI 10.1007/978-3-658-14495-1_6

49

Dazu soll überlegt werden:

- Wie kann man besser gewährleisten, dass gute Produkte oder Leistungen geschaffen werden?
- Wie kann man erwünschte Effekte steigern?
- Wie kann man unerwünschte Effekte verringern oder verhindern?
- Wie kann man insgesamt Verbesserung erreichen?

Es sollen Maßnahmen ergriffen werden, die helfen diese Ziele zu erreichen. Es muss überlegt werden, wie diese Maßnahmen am besten umgesetzt werden und wie der Erfolg dieser Maßnahmen bewertet wird.

Dabei soll beachtet werden, dass der Aufwand und der mögliche Erfolg, der mit der Maßnahme verbunden ist, in einem angemessenen Verhältnis stehen. Es soll also kein hoher Aufwand für einen minimalen Effekt betrieben werden.

Wie kann die praktische Umsetzung erfolgen?
Das Unternehmen muss Maßnahmen treffen, um potenziellen Risiken zu begegnen. Dabei soll berücksichtigt werden, wie groß das Risiko im jeweiligen Prozess ist. Nicht jeder Prozess ist gleichermaßen qualitätsrelevant. Und nicht jeder Prozess trägt das gleiche Risiko in sich. Zum Beispiel spielt die Buchhaltung hinsichtlich eines möglichen Qualitätsrisikos nur eine untergeordnete Rolle. Das Risiko für eine Unternehmenspleite aufgrund einer fehlerhaften Buchhaltung hält sich bei den meisten Unternehmen in Grenzen. Wenn aber beispielsweise die falschen Materialien bei einer Rohstoffmischung verwendet werden und alle Produkte dieser Charge fehlerhaft sind, dann ist das Risiko groß und es sollten entsprechende Maßnahmen ergriffen werden. In diesem Fall macht es sogar Sinn, diese präventiven Maßnahmen zu dokumentieren, um im Haftungs-Streitfall einen Nachweis zu haben. Das Unternehmen muss also entscheiden, welchen Aufwand es bei der Dokumentation dieser Risikobewertung und den Maßnahmen betreibt.

Doch nicht nur Risiken sind zu betrachten, auch Chancen, mit denen sich etwas von vornherein besser machen lässt.

Informationen bezüglich Risiken und Chancen sind in vielen Unternehmen zu finden in:

- Besprechungsprotokollen
- Ergebnisse von Analysen, wie SWOT-Analysen, FMEAs, …
- Reklamationsauswertungen
- Marktanalysen

- Verbesserungsmaßnahmen und -projekte
- Bericht zur Management-Bewertung

Möglichkeiten, sich mit Risiken und Chancen zu befassen, sind laut Norm in Anmerkung 1:

- Risiken vermeiden;
  - Vermeidung steht vor Eindämmung.
- Risiken in Kauf nehmen, um eine Chance zu nutzen;
  - Manchmal muss man zwischen zwei Übeln abwägen und eines dann in Kauf nehmen.
- Risikoursachen beseitigen;
  - Wenn die Risikoursache ausgeschaltet ist, tritt der Fall gar nicht ein.
- Wahrscheinlichkeit des Auftretens ändern;
  - Wenn der Schaden zwar groß, die Wahrscheinlichkeit aber gering ist, ist das Risiko nicht so groß.
- Risikoauswirkung eindämmen;
  - Wenn die Wahrscheinlichkeit groß ist, sollte man die Auswirkung minimieren, indem man eine Reaktionsmaßnahme vorhält.
- Risiken teilen;
  - Geteiltes Leid ist halbes Leid… oder die Entscheidung, das Risiko bewusst in Kauf zu nehmen;
  - Manchmal geht es aus finanziellen oder unternehmerischen Gründen nicht anders, als ein Risiko bewusst in Kauf zu nehmen.

Möglichkeiten Chancen zu nutzen, sind laut Norm in Anmerkung 2:

- Einführen neuer Arbeitsweisen
- neue Produkte auf den Markt bringen
- neue Märkte erschließen
- neue Kunden gewinnen
- neue Partnerschaften aufbauen
- neue Techniken einsetzen
- generell neue Lösungen in der Organisation umsetzen

Risikomanagement gibt es in den Unternehmen nicht erst seit der DIN EN ISO 9001:2015, sondern wird in allen Unternehmen mehr oder weniger umgesetzt. Daher gibt es einige Instrumente, die für die Analyse von Risiken nutzbar sind.

Ein Beispiel ist die FMEA (Fehlermöglichkeits- und Einflussanalyse), die seit Jahrzehnten in der Automobilindustrie eingesetzt wird. Es gibt dazu eine

Anleitung in einer VDA-Vorschrift. (VDA Band 4: Produkt- und Prozess FMEA). In der FMEA wird untersucht, welche Fehler möglicherweise auftreten können und diese Fehler dann bewertet. Dabei werden die Wahrscheinlichkeit des Auftretens, die mögliche Auswirkung und die mögliche rechtzeitige Entdeckung des Fehlers berücksichtigt.

Ein weiteres Instrument ist die SWOT-Analyse. Bei dieser Methode findet eine Sammlung und Betrachtung der Strengths (Stärken), der Weakness (Schwächen), der Opportunities (Chancen) und der Threats (Risiken) statt. So erhält man ein umfassendes Profil des gesamten Unternehmens oder einzelner Geschäftsbereiche und hat eine gute Grundlage für unternehmerische Entscheidungen.

Es gibt auch Methoden aus der Arbeitssicherheit, die für Gefährdungsanalysen verwendet werden. Wenn man statt der Sicherheit die Qualität in den Mittelpunkt stellt, sind die dieselben Instrumente auch für eine Risikoanalyse in Sachen Qualität einsetzbar.

Und es ist natürlich möglich, sich eigene Instrumente zur Risikosammlung und -bewertung zu schaffen. Ein Beispiel wäre eine abgespeckte FMEA, die nur die Faktoren Auftrittswahrscheinlichkeit und mögliche Auswirkung eines Fehlers betrachtet. Das ist in den meisten Fällen ausreichend und gibt einen guten Überblick über die mögliche Tragweite bestehender Risiken.

▶ **Irrtum Nr. 3: Risiken müssen systematisch bewertet werden**
Zu einem Managementsystem gehört neben der Planung und Steuerung auch die Messung und Bewertung. Möchte man ein Risikomanagementsystem einführen, muss man sich Gedanken machen, wie die möglichen Risiken erfasst werden können, wie diese analysiert und minimiert werden können.

Die ISO 9001 fordert ein „risikobasiertes Denken". Dies bedeutet, Risiken zu identifizieren, zu analysierten und zu priorisieren, Maßnahmen aufgrund der Risiken zu ergreifen, den Erfolg dieser Maßnahmen zu prüfen und durch diesen Ablauf eine ständige Verbesserung zu erreichen.

Die Norm fordert kein komplettes Risikomanagementsystem nach DIN EN ISO 31000, kein umfangreiches dokumentiertes Bewertungssystem ähnlich der Bewertung der Umweltaspekte aus der ISO 14001, keine langen Listen mit allen nur denkbaren Risiken aus allen Unternehmensbereichen. Dies kann für einige Unternehmen zwar durchaus sinnvoll sein, bei kleineren übersichtlicheren Unternehmen macht dies jedoch keinen Sinn, sondern nur unnötige Schreibarbeit.

Risikobasiertes Denken ist etwas, was jeder automatisch macht. Was man laut Norm noch zusätzlich machen soll, ist Maßnahmen aus den Ergebnissen des Denkens abzuleiten und diese Maßnahmen konsequent abzuarbeiten. Zum Abarbeiten und Verfolgen der Maßnahmen muss man diese dokumentieren.

Die Norm weist im Anhang allerdings ausdrücklich darauf hin, dass ein Unternehmen kein komplettes Risikomanagementsystem implementieren muss, um der Normforderung zu genügen. Es müssen weder Methoden des Risikomanagements eingeführt werden, noch ein kompletter dokumentierter Prozess dazu eingeführt werden, noch müssen Aufzeichnungen über Maßnahmen geführt werden. Welche Methoden und Vorgehensweisen genutzt werden, entscheidet das Unternehmen selbst. Auch hier gilt wieder der Grundsatz der Kosten-Nutzen-Abwägung: Das Unternehmen muss abwägen, wie viel Aufwand betrieben wird, und welcher Nutzen generiert wird.

Mögliche Maßnahmen, die aufgrund von Risiken und Chancen festgelegt werden können, sind:

- Anpassung der Qualitätsziele
- Erstellung/Ergänzung von Arbeitsanweisungen
- Mitarbeiterschulung
- Verbesserungsprojekte und Einzelmaßnahmen

Aus der Praxis: Risiko Racheakt

Ehemalige Mitarbeiter, die sich von einem Unternehmen ungerecht behandelt führen, können ein Risiko darstellen. So geschehen bei einem Hersteller für zahnärztlichen Laborbedarf: Ein ehemaliger Betriebsleiter, der aufgrund von Differenzen mit dem Geschäftsführer entlassen wurde, zeigt das Unternehmen kurzerhand wegen Steuerhinterziehung an. Die Staatsanwaltschaft fackelte nicht lange und beschlagnahmte die komplette EDV und alle Akten des kleinen Unternehmens. Das Unternehmen war nicht mehr arbeitsfähig. Da sich das Verfahren über viele Monate hinauszog, stand das Unternehmen kurz vor der Insolvenz.

Nach zehn Monaten gab es schließlich den Neustart. Die erste Maßnahme war die Sicherung der Rezepturen, technischen Daten und Kundendaten auf einer externen Festplatte. So ist das Unternehmen künftig sofort wieder arbeitsfähig, auch wenn die Daten aus irgendwelchen Gründen verloren gehen.

6.2   Sich Ziele setzen

Normabschnitt 6.2 Qualitätsziele und Planung zu deren Erreichung

> **Was will die Norm erreichen?**
> Die allgemein gehaltene Qualitätspolitik wird in konkrete Qualitätsziele überführt. Beim Festlegen von Qualitätszielen werden bestimmte Normforderungen berücksichtigt.

Was meint die Norm genau?
Aus der allgemein gehaltenen, strategischen Qualitätspolitik heraus müssen konkrete, operative Qualitätsziele entwickelt werden (siehe Abb. 6.1). Dabei müssen die Anforderungen an die Produkte und Leistungen berücksichtigt werden. Diese Ziele sollen nicht nur für die Geschäftsleitung aufgestellt werden, sondern für alle Unternehmensbereiche und Hierarchieebenen, die Einfluss auf die Qualität haben. Die Qualitätsziele müssen messbar sein, idealerweise mithilfe von Qualitätskennzahlen. Wenn Ziele nicht messbar sind, kann ihre Erreichung oder Nicht-Erreichung nicht nachgewiesen werden. Qualitätsziele müssen außerdem überwacht, kommuniziert und aktualisiert werden. Außerdem müssen die Ziele schriftlich festgehalten werden. So fällt auch das Kommunizieren und Überwachen leichter.

Bei der Planung von Maßnahmen zur Zielerreichung muss festgelegt werden:

- Was soll getan werden?
  - Wenn man den Weg zum Ziel nicht kennt, ist das Ziel nicht zu erreichen.
- Welche Mittel sind dazu erforderlich?
  - Ohne Investitionen sind viele Ziele nicht erreichbar.
- Wer ist dafür verantwortlich?
  - Wenn keiner zuständig ist, macht keiner was.
- Wann gilt ein Ziel als erreicht?
  - Es muss eine Messlatte festgelegt werden.
- Wie werden die Ergebnisse überwacht?
  - Um auf etwas Hinarbeiten zu können, muss man sich regelmäßig damit befassen.

Wie kann die praktische Umsetzung erfolgen?
In größeren Unternehmen gibt es in der Regel bereits ein Kennzahlen- und Auswertungssystem, das mit einem wirtschaftlichen Zielerreichungssystem gekoppelt ist.

Abb. 6.1 Entwicklung von Qualitätspolitik und -zielen

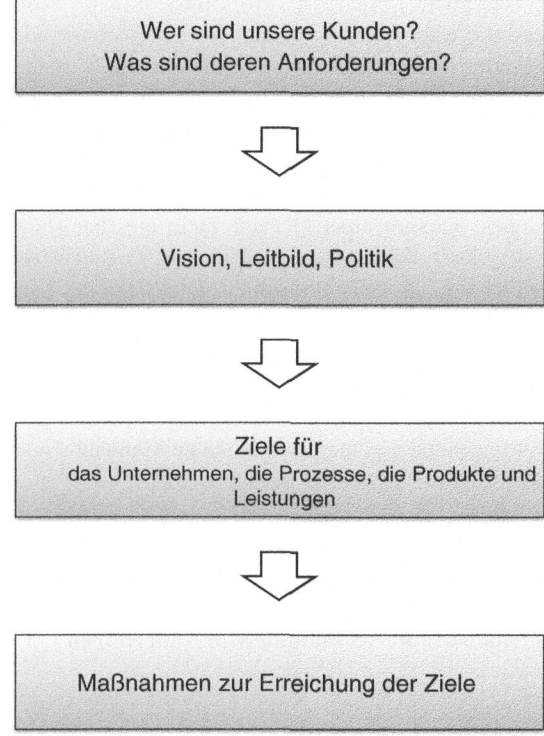

Hier ist es ein Einfaches, diese Kennzahlen und Auswertungen sowie das Zielerreichungssystem um den Qualitätsgesichtspunkt zu erweitern.

Bei kleineren Unternehmen genügt es meistens, wenn unternehmensweite Ziele zu den wichtigsten Anforderungen an Produkt und Leistungen festgelegt werden. Diese Ziele sollten jedoch nicht geheim gehalten werden, sondern allen Mitarbeitern mitgeteilt werden, die zum Erreichen der Ziele beitragen können. Das wäre zum Beispiel über einen Aushang einfach zu machen.

Die Messbarkeit der Ziele erreicht das Unternehmen einerseits über die Kennzahlen. So soll z. B. bis zum nächsten Jahr ein bestimmter Kennwert erreicht werden. Andererseits ist auch der Abschluss eines bestimmten Projektes ein messbares Ziel. Sehr beliebt im ersten Jahr eines Qualitätsmanagementsystems ist die Erreichung des Zertifikats als Ziel, zumal es im ersten Jahr meistens erst wenige verfügbare Kennzahlen gibt.

Außerdem fordert die Norm, dass die Umsetzung der Qualitätsziele geregelt wird. Es wäre fatal, wenn sich ein Unternehmen ein Ziel setzt und dann einfach abwartet, was passiert. Damit Ziele erreicht werden können, ist es notwendig, die konkreten Tätigkeiten einschließlich den notwendigen Ressourcen, dem Zeitrahmen und der Verantwortlichkeit festzulegen. Dies kann so weit gehen, dass komplexe Verbesserungsprojekte einem Projektmanagement unterworfen werden.

Um den Erfolg der Maßnahmen bei der Zielerreichung kontrollieren zu können, müssen einerseits die Ziele messbar sein. Das Unternehmen benötigt andererseits aber auch eine festgelegt Vorgehensweise, wer wie und wie oft die Erreichung der Ziele kontrolliert. Dies kann das Unternehmen grundsätzlich festlegen (Prozess oder Anweisung) oder jeweils dem einzelnen Ziel zuordnen (zum Beispiel in einer Zielematrix oder Zieledatenbank). Grundsätzlich ist es auch möglich, die Maßnahmen zur Zielerreichung zusammen mit anderen Verbesserungsmaßnahmen aus den Internen Audits, aus Fehlern oder aus der Risikobewertung heraus gemeinsam in einer Maßnahmendatenbank zu verwalten (siehe Normkapitel 10.2 Korrekturmaßnahmen).

6.3   Nichts ist so beständig wie die Veränderung

Normabschnitt 6.3 Planung von Änderungen

Was will die Norm erreichen?
Das Qualitätsmanagementsystem soll auch während und nach großen Änderungen funktionieren.

Was meint die Norm genau?
Wenn das Qualitätsmanagementsystem oder die QM-Dokumentation geändert werden, muss das System während und nach der Änderung genauso funktionstüchtig sein wie vorher. Daher sollen Änderungen immer geplant und gut vorbereitet angegangen werden.

Das Unternehmen soll dazu betrachten:

- Das Ziel der Änderung und die mögliche Konsequenzen der Änderungen
- Das Funktionieren des Qualitätsmanagementsystems
- Die notwendigen Ressourcen für die Änderung
- Das Zuweisen von Verantwortungen und Befugnissen

Wie kann die praktische Umsetzung erfolgen?
Das Qualitätsmanagementsystem muss auch während und nach Änderungen funktionstüchtig bleiben. Daher müssen vor anstehenden Änderungen entsprechende Vorkehrungen getroffen werden. Praktischerweise kann dies im Rahmen der Managementbewertung (siehe Normkapitel 9.3) erfolgen. Eine Eingabe in die Managementbewertung (siehe Normkapitel 9.3.2) sind die Änderungen, die auf das Unternehmen zukommen. Im Rahmen der Managementbewertung kann die rechtzeitige Vorsorge für diese Änderungen geplant werden.

Größere Änderungen und Umstrukturierungen plant man in der Regel als Projekt. Wendet das Unternehmen konsequent die Instrumente eines Projektmanagements an, ist es auf der sicheren Seite und wird gut vorbereitet in das Projekt hineingehen.

Aus der Praxis: Eine gute Vorbereitung ist alles

Für den Umzug eines Unternehmens muss Vorsorge getroffen werden. Es muss beispielsweise auch während des Umzugs gewährleistet sein, dass der Kunde seine Produkte pünktlich bekommt oder das Unternehmen für seine Kunden telefonisch erreichbar bleibt. Daher muss ein solches Projekt gut geplant, vorbereitet und umgesetzt werden.

Es müssen Produkte zum Teil vorproduziert werden, damit sie pünktlich geliefert werden können. Vielleicht muss das Lager verlegt oder umstrukturiert werden, damit auch während der Umzugsphase versandt werden kann. Die Technik muss sehr schnell umgezogen werden, damit die Daten für Kundenrückfragen schnell wieder zur Verfügung stehen. Die neuen Telefonnummern und die neue Adresse muss rechtzeitig kommuniziert werden. Adressen in allen Medien geändert werden und noch vieles mehr. Das gesamte Unternehmen ist letztlich an der Umsetzung beteiligt.

Was den Betrieb am Laufen hält ...

Zusammenfassung

In Kap. 7 geht es um die Dinge, die zwar vermeintlich nur Geld kosten, aber den Betrieb am Laufen halten. Dies spürt das Unternehmen vor allem dann, wenn diese Dinge fehlen oder nicht mehr funktionieren. Zu diesen Dingen gehören das Personal, die Gebäude, Maschinen, Werkezuge, Prüfmittel, die Hard- und Software, aber auch das Wissen und Informationen sowie deren Steuerung.

Normabschnitt 7 Unterstützung

7.1   ... aber nichts kosten soll

Normabschnitt 7.1 Ressourcen

7.1.1   Was wird grundsätzlich benötigt?

Normabschnitt 7.1.1 Allgemeines

Was will die Norm erreichen?
Die Qualität darf nicht an mangelnden Ressourcen scheitern.

© Springer Fachmedien Wiesbaden 2016
S. Brugger-Gebhardt, *Die DIN EN ISO 9001:2015 verstehen,*
DOI 10.1007/978-3-658-14495-1_7

Was meint die Norm genau?

Das Unternehmen muss ausreichend Personal und Mittel zur Verfügung stellen, damit eine qualitätsgerechte Arbeitsausführung möglich ist und gute Produkte und Leistungen entstehen können. Es müssen aber auch genügend Ressourcen zur Verfügung stehen, um die Qualitätsmanagementprozesse selbst betreiben und verbessern zu können.

Dazu muss ermittelt werden, wie viel Arbeitskraft, Maschinen, Geräte und andere Voraussetzungen erforderlich sind. Die erforderlichen Mittel müssen durch die Geschäftsführung bereitgestellt werden.

Die Geschäftsleitung muss dabei berücksichtigen, welche internen Ressourcen verfügbar und welche knapp sind. Einige Produkte und Leistungen sind von externen Lieferanten oder Anbietern zu beschaffen.

Wie kann die praktische Umsetzung erfolgen?

Immer, wenn sich etwas an der Organisation grundlegend ändert oder etwas Neues hinzukommt (neues Produkt, neue Produktgruppe, neuer Bereich, neuer Unternehmensteil usw.), muss sich das Unternehmen überlegen, ob ausreichende Ressourcen für diese neuen Aufgaben zur Verfügung stehen. Bevor sich das Unternehmen in eine neue Herausforderung stürzt, müssen die Voraussetzungen geklärt sein. Meist werden größere Veränderungen in internen Projekten geplant. Im Projektmanagement kann die Planung der benötigten Ressourcen eingebunden werden. Gibt es in einem Unternehmen öfter neue Herausforderungen, ist eine Regelung zum grundsätzlichen Umgang mit diesen Projekten sicherlich sinnvoll. Es kann aber auch sein, dass durch steigende oder sinkende Umsätze eine Korrektur der verfügbaren Ressourcen vorgenommen werden muss.

Für die Budget-Planung gibt es bei größeren Unternehmen Strategiesitzungen oder Besprechungen, die jährlich oder quartalsweise stattfinden.

Bei kleineren Unternehmen finden diese Überlegungen bezüglich notwendiger Investitionen meist im Kopf des Unternehmers statt. Um diese Überlegungen transparent zu machen, kann der Unternehmer die Betrachtung in der Managementbewertung vornehmen und eine entsprechende Planung und Umsetzung in Besprechungen vornehmen. Über die jeweiligen Protokolle ist der Vorgang dann sogar nachvollziehbar.

Großen wie kleinen Unternehmen ist gemeinsam, dass die finanziellen Mittel zur Beschaffung von Ressourcen begrenzt sind. Es muss immer zwischen den unterschiedlichen Bedürfnissen der Abteilungen und Prozesse abgewägt werden. Es muss immer wieder entschieden werden, welche Investitionen sinnvoll und notwendig sind und welche nicht.

Eine Lösung die mehr Flexibilität verspricht, ist das Ausgliedern ganzer Prozesse, das Outsourcing. Welche Tätigkeiten oder Prozesse ausgegliedert werden, ist oft mit unternehmensstrategischen Entscheidungen verbunden. Das Ausgliedern birgt Vor- und Nachteile. Vorteilhaft ist sicher die Flexibilität bei schwankendem Bedarf, nachteilig ist die Schnittstelle zu einem anderen Unternehmen, die eine Fehlerquelle darstellt. Die Norm stellt eigene Anforderungen an ausgegliederte Prozesse und deren Anbieter in Normkapitel 8.4.

7.1.2   Ausreichend Personal

Normabschnitt 7.1.2 Personen

Was will die Norm erreichen?
Es ist genügend Personal für eine qualitätsgerechte Arbeitsausführung vorhanden.

Was meint die Norm genau?
Es muss ausreichend Personalkapazität vorhanden sein, dass eine effektive und qualitätsgerechte Arbeit möglich ist und dass die Prozesse gut gesteuert und ausgeführt werden können.

Wie kann die praktische Umsetzung erfolgen?
Die Geschäftsleitung sollte immer wieder kritisch auf die Auslastung der Mitarbeiter der verschiedenen Bereiche schauen:

- Hat der Mitarbeiter genügend Zeit, auf eine qualitätsgerechte Ausführung zu achten oder seine Q-Kontrollen durchzuführen?
- Ist noch Freiraum für die Gestaltung der Arbeitsabläufe und Prozesse vorhanden?
- Hat der Prozesseigner die Möglichkeit, sich um die Prozesse zu kümmern?
- Gibt es Überlastung oder auch Unterauslastung bei Mitarbeitern oder Abteilungen?

Die Fragestellungen werden auch aus dem gesundheitlichen Aspekt heraus immer wichtiger. Wer es nicht mehr schafft, seine Aufgaben zur eigenen Zufriedenheit zu bewältigen, der wird auf Dauer krank (siehe auch Normkapitel 7.1.4).

Aus der Praxis: Keine Zeit

Immer wieder hört man von Mitarbeitern die Aussage: Keine Zeit! Wenn eine solche Aussage jedoch von Mitarbeitern kommt, die qualitätsrelevanten Tätigkeiten ausüben, ist dies ein Fall für die Ressourcenplanung.

Bei einem großen Finanzdienstleister mit etwa 3500 Mitarbeitern wurde das eingeführte Managementsystem von einer Mitarbeiterin betreut, die dafür 75 % ihrer Arbeitszeit aufwenden durfte. Zum Teil wurden zusätzlich zur Dokumentenpflege Praktikanten eingesetzt. Doch auch das reichte natürlich kaum aus, um das System aufrechtzuerhalten und zu pflegen. Die Mitarbeiterin warf wegen der ständigen Überlastung nach fünf Jahren das Handtuch. Das Managementsystem wurde mit dem Weggang der Mitarbeiterin eingestellt, weil sich kein Nachfolger der Aufgabe gewachsen sah.

7.1.3 Funktionierende Arbeitsmittel

Normabschnitt 7.1.3 Infrastruktur

Was will die Norm erreichen?
Die Mitarbeiter finden die Arbeitsmittel und Geräte vor, die sie zur qualitätsgerechten Ausführung ihrer Arbeit benötigen.

Was meint die Norm genau?
Das Unternehmen muss ermitteln, was es zum Herstellen der Produkte – oder zum Erbringen der Leistungen – benötigt. Dies kann ein entsprechendes Gebäude sein, bestimmte Maschinen oder Werkzeuge, ein Datenserver mit angepasster Software, aber auch eine qualifizierte Reinigungskolonne, eine Logistikleistung oder eine Versicherung. Das Unternehmen muss dann die notwendige Infrastruktur beschaffen. In einem zweiten Schritt muss das Unternehmen dafür sorgen, dass die Infrastruktur auch in Zukunft funktioniert und zur Verfügung steht, z. B. durch eine entsprechende Wartung und Instandhaltung, Softwareaktualisierung u. ä.

Wie kann die praktische Umsetzung erfolgen?
Das Ermitteln der Infrastruktur erfolgt in der Regel im täglichen Geschäft einer Unternehmensleitung. Dabei sind vor allem Veränderungen im Produktangebot, größere Vertragsabschlüsse oder Umstrukturierungsmaßnahmen von Bedeutung. Manchmal wird die Ermittlung der Infrastruktur in der Budgetplanung

sichtbar, manchmal findet die Ermittlung im Rahmen der Arbeitsvorbereitung statt. Nachweise dafür gibt es in Form von Besprechungsprotokollen oder
Projektaufzeichnungen.

Zur Infrastruktur gehören:

- Gebäude, Versorgungseinrichtungen, Sozialeinrichtungen, Sicherheitstechni-
sche Anlagen, Zugänge, Einrichtung, …
- Technische Ausrüstung, wie Maschinen und Anlagen, Geräte, Werkzeuge,
Steuerungsanlagen, …
- Transporteinrichtungen, wie Fahrzeuge, Gabelstapler, Hubwagen, Kräne, …
- Informations- und Kommunikationstechnik, wie IT, Telefonanlage, Mobiltele-
fone, Internetanschluss, …

An die Beschaffung der Infrastruktur hat die Norm keine weiteren Forderungen.
Es kann jedoch sinnvoll sein, wenn die Infrastruktur eine große Bedeutung für die
Qualität hat, das Normkapitel 8.4 „Steuerung von extern bereitgestellten Prozes-
sen, Produkten und Dienstleistungen" anzuwenden.

Zur Aufrechterhaltung der Infrastruktur zählen alle Wartungs- und Instand-
haltungsarbeiten. Nachweise hierzu sind Wartungspläne, Serviceverträge und
die entsprechenden Aufzeichnungen. Manche Maschinen und Geräte müssen
regelmäßig überwacht werden. Hierzu zählen zum Beispiel Kompressoren, Auf-
züge, Kräne, elektrische Rolltore und Hebebühnen. Grundlage hierfür ist die
Betriebssicherheitsverordnung. Auch Fahrzeuge müssen regelmäßig zu TÜV
und AU, benötigen einen Kundendienst und Winterreifen. Die entsprechenden
Nachweise müssen vorhanden sein. Um einen Überblick über die regelmäßig
anstehenden Überwachungen zu bekommen, ist eine Datenbank ähnlich der Prüfmitteldatenbank sinnvoll, oder es wird gleich die Prüfmitteldatenbank ergänzt und
mitgenutzt.

Aus der Praxis: Überblick für alle

Bei einem Reinigungsdienstleister prangt im Eingangsbereich für die Mitarbeiter ein langes Whiteboard. Auf dem Brett sind die einzelnen Fahrzeuge des
Fuhrparks zu finden. Unter jedem Fahrzeug ist der aktuelle „Befindlichkeits-
zustand" des Fahrzeugs zu erkennen: fertig beladen oder nicht, in Reparatur,
beim TÜV, sauber oder nicht. Außerdem ist der jeweils zuständige Mitarbeiter für das Fahrzeug erkennbar und welcher Fahrer im Moment dem Fahrzeug
zugeteilt ist. Änderungen können schnell mit Schwamm und Stift bewerkstel-
ligt werden.

7.1.4   Brauchbare Arbeitsbedingungen

Normabschnitt 7.1.4 Prozessumgebung

Was will die Norm erreichen?
Die Mitarbeiter finden die Umgebungsbedingungen vor, die sie zur qualitätsgerechten Ausführung ihrer Arbeit benötigen.

Was meint die Norm genau?
Wenn für einen Arbeitsplatz bestimmte Arbeitsbedingungen erforderlich sind
bzw. bestimmte Arbeitsbedingungen für eine qualitätsgerechte Arbeitsausführung hinderlich sind, dann muss dies von der Geschäftsführung wahrgenommen werden. Steht festfestgestellt, welche Arbeitsbedingungen benötigt werden,
müssen diese entsprechend geschaffen und aufrechterhalten werden. Es muss
zum Beispiel für optische Prüfungen genügend Licht vorhanden sein; die Raum-
temperatur darf nicht zu warm sein, damit der Mitarbeiter nicht unkonzentriert
wird; bestimmte Verfahren müssen unter Reinraumbedingungen stattfinden usw.
Bezüglich der Arbeitsbedingungen gibt es gesetzliche Vorgaben, die eingehalten
werden müssen (Arbeitsstättenrichtlinie, Arbeitssicherheitsgesetz, Bildschirmar-
beitsplatzverordnung …).
   Im Normkapitel Arbeitsumgebung betrachtet die Norm jedoch nicht nur physi-
kalische Faktoren. Psychische und soziale Faktoren, wie der Anti-Diskriminierung,
Führungsstil, das menschliche Miteinander oder die Burn-out-Prävention berücksichtigt die Norm seit der Ausgabe 2015 ebenfalls. Dies ist jedoch nur in der ergän-
zenden Anmerkung zu Normkapitel 7.1.4 erwähnt und es gibt keine expliziten
Forderungen, in welchem Umfang diese Aspekte berücksichtigt werden müssen.

Wie kann die praktische Umsetzung erfolgen?
Laut Gesetz muss für jeden Arbeitsplatztyp eine Gefährdungsbeurteilung erstellt
werden. In diese Gefährdungsbeurteilung können auch die qualitätsgerechten
Arbeitsbedingungen mit aufgenommen werden. Seit 2014 sind laut dem Gesetz-
geber auch psychische Gefährdungen zu berücksichtigen.
   Mit sozialen Faktoren nach der Norm sind genannt:

- Vermeidung von Diskriminierung (z. B. nach Geschlecht, Aussehen oder
  Religion)

- Ruhige Ausgestaltung (im Sinne von stressfrei)
- Vermeidung von Konfrontationen (z. B. durch ein gutes Konfliktmanagement)

An psychischen Faktoren sind genannt:

- Vermeidung von Stress (z. B. durch Vermeiden von Überlastung)
- Burn-out-Prävention (z. B. durch Angebote zum psychischen Ausgleich)
- Emotionaler Schutz (z. B. durch guten Umgang miteinander und Vermeiden von Mobbing)

Zusammenfassend meint die Norm also, dass ein psychisch belasteter Mitarbeiter weniger leistungsfähig ist und außerdem auch Fehler machen kann.

Mit den physikalischen Faktoren sind genannt:

- Temperatur
- Raumgröße
- Ergonomie (Anordnung der Möbel und Geräte)
- Lichtverhältnisse
- Lärm

Es soll also vermeiden werden, dass durch störende Arbeitsbedingungen Fehler passieren.

Die Gefährdungsbeurteilung, die den Arbeitsplatz aus Sicherheitssicht beurteilt, kann um die qualitativen Faktoren ergänzt werden. Es muss vielleicht ein bestimmtes Lichtspektrum am Prüfplatz vorhanden sein, es darf nur ein bestimmter Lärmpegel erreicht werden oder es muss eine bestimmte Temperatur vorhanden sein, um qualitätsgerecht arbeiten zu können. Bei den vorgeschriebenen Sicherheitsbegehungen könnten auch die Qualitätsfaktoren mit überprüft werden.

Aus der Praxis: Die Schmuddelecke

In einer Autowerkstatt gab es einen Arbeitsplatz, den keiner mochte: In der dunklen Ecke, in die die Ersatzhebebühne stand, war es eng und dunkel. Hier waren die Arbeitsbedingungen sehr schwierig.

In einer gemeinsamen Aktion wurde die Ecke aufgeräumt. Der Arbeitsplatz wurde an allen drei Seiten mit hellen Lampen versehen. Der Boden wurde gereinigt, die Wände weiß gestrichen. Aus der Schmuddelecke wurde ein vollständiger Arbeitsplatz.

7.1.5 Ohne vernünftiges Messmittel kann man nicht vernünftig messen

Normabschnitt 7.1.5 Ressourcen zur Überwachung und Messung

Was will die Norm erreichen?
Produkte werden nur mit Prüfmitteln geprüft, die in Ordnung sind.

Was meint die Norm genau?
Die Norm fordert eine Ermittlung der notwendigen Überwachungs- und Messmittel, die z. B. in Entwicklung, Beschaffung oder Produktion benötigt werden, um die Kontrollen dort zu ermöglichen. Diese Prüfmittel müssen

- für die spezielle Prüfung geeignet sein, für die sie verwendet werden,
- funktionstüchtig gehalten werden und
- für den Nachweis der Eignung oder der Funktionstüchtigkeit Dokumente vorhanden sein.

Die Überwachungs- und Messmittel stellen eine besondere Ressource dar, die einer besonderen Überwachung unterliegen. Das richtige Messen der Prüfmittel muss überwacht werden. Das muss aber nur gewährleistet werden, wenn die sogenannte messtechnische Rückführbarkeit notwendig und gefordert ist, sei es vom Kunden, vom Gesetzgeber oder – aus Haftungsgründen – vom Unternehmen selbst. Die messtechnische Rückführbarkeit erreicht man durch eine Kalibrierung des Prüfmittels.
Zuerst aber eine kurze Begriffsklärung:

▶ **Überwachung:** Systematisch wiederholte Prüfungen zur Aufrechterhaltung einer Zielaussage
Messung: Ermittlung eines Größenwertes
Messmittel: Messgerät, Software, Messnormal, Referenzmaterial oder apparative Hilfsmittel oder eine Kombination davon, wie sie zur Realisierung eines Messprozesses erforderlich sind (DIN EN ISO 9000:2005)
Kalibrieren: Vergleich der mit einem Messgerät ermittelten Werte mit denen einer Referenz oder eines Normals
Justieren: Nachstellen eines Messgerätes
Eichen: Gesetzlich vorgeschriebene Kalibrierung eines Messgerätes

Wenn die Kalibrierung gefordert und sinnvoll ist, muss mit den Prüfmitteln folgendermaßen umgegangen werden:

- Überprüfen mit einem Messnormal (Kalibrieren und Justieren); regelmäßig oder vor dem Gebrauch
- Kennzeichnen des Prüfstatus
- Schützen vor Verstellung oder Beschädigung

Wenn es kein gängiges Prüfnormal gibt, muss die Grundlage der Kalibrierung beschrieben werden. Das heißt, es muss dargelegt werden, gegen was geprüft wurde bzw. wie der Standard zustande kam.

Es kann sich beim Kalibrieren herausstellen, dass das Prüfmittel nicht geeignet ist (z. B. defekt ist). Dann müssen die Teile überprüft werden, die mit diesem Prüfmittel gemessen wurden. Sind die betroffenen Teile bereits ausgeliefert, muss entsprechend gehandelt werden.

Wie kann die praktische Umsetzung erfolgen?
Alle Prüfmittel, mit denen wichtige qualitätsrelevante Messungen oder Prüfungen durchgeführt werden, müssen gemanagt werden. D. h., sie werden geplant (Teil der Prüfplanung), beschafft (Einkauf Ressourcen), überwacht (Kalibrierung) und in der Produktion gesteuert (welches Prüfmittel wird für welche Messung eingesetzt).

Der erste Schritt bei der Einführung eines Prüfmittelmanagements ist die Erfassung der vorhandenen Prüfmittel in einer Auflistung oder Datenbank. Dazu werden die Prüfmittelart, eine individuelle Kennzeichnung oder Nummer (damit es nicht mit anderen Prüfmitteln verwechselt wird), Einsatzgebiet und Einsatzort, ggf. Messgenauigkeit und der Messbereich sowie der aktuelle Prüfstatus erfasst. Bei dieser Gelegenheit kann man die Prüfmittel aussortieren, die nicht oder nur sehr selten für tatsächliche Messungen am Produkt gebraucht werden. Die Prüfmittel, die nicht zu Messungen für die Produktqualität benötigt werden, müssen nicht überwacht werden. Sie sollten jedoch dann weggeschlossen oder entsprechend gekennzeichnet werden. Die Prüfmittel, die selten verwendet werden, können jeweils vor dem Gebrauch geprüft werden. Für alle anderen Prüfmittel sollte ein Prüfintervall festgelegt werden, das sich daran orientiert, wie empfindlich das Prüfmittel ist, wie häufig es benutzt wird und wie pfleglich damit umgegangen wird.

▶ Bei vielen Prüfmitteln ist die Überwachung überflüssig oder zu häufig.
   Mit dem Aussortieren der Prüfmittel und dem Heraufsetzen des Prüfintervalls lässt sich viel Geld sparen.

Beim Verwalten der Prüfmittel helfen verschiedene EDV-Lösungen, die sich ab etwa 20–30 Prüfmitteln lohnen. Kleinere Mengen an Prüfmitteln lassen sich gut über Tabellen verwalten.

Für das Kennzeichnen von Prüfmitteln gibt es zwei Lösungsmöglichkeiten: Entweder wird der Prüfstatus am Prüfmittel selbst vermerkt (z. B. mit einem Überwachungsaufkleber) oder er ist aus der Begleitdokumentation ersichtlich. Hinsichtlich der Überwachung werden zwei Systeme unterschieden:

Beim sogenannten „Bring-System" für abgelaufene Prüfmittel kontrollieren die Mitarbeiter selbst anhand der Überwachungsaufkleber, ob die Prüfmittel noch verwendbar sind. Wenn diese abgelaufen sind, bringen sie die Prüfmittel zum zuständigen Mitarbeiter. In diesem Fall ist eine Kennzeichnung am Prüfmittel selbst unerlässlich. In der Praxis hat sich dieses System jedoch nicht bewährt. Kein Mitarbeiter schaut bei der täglichen Arbeit nach einem Überwachungsaufkleber auf seinem Werkzeug.

Beim sogenannten „Hol-System" holt ein zuständiger Mitarbeiter die abgelaufenen Prüfmittel aus der Produktion, wodurch gewährleistet ist, dass nur gültige Prüfmittel im Umlauf sind. In diesem Fall ist eine Kennzeichnung in den Unterlagen oder der Datenbank ausreichend. Dieses ist auch das gängige System in der Praxis, das sich bei den meisten Unternehmen bewährt.

▶ **Irrtum Nr. 4: Alle Waagen müssen geeicht werden**
   Bei jedem Zertifizierungsaudit kommt das Thema „Prüfmittel" an die
   Reihe. Die üblichen Prüfmittel, wie Messschieber und Lehren, werden
   oft von den Unternehmen selbst geprüft. Nicht jedoch die Waage.
   Viele Unternehmen gehen davon aus, dass Waagen grundsätzlich nur
   vom Eichamt geprüft werden dürfen. Leider ist dies auch der Wissensstand einiger Zertifizierungsauditoren.
   Waagen, die dazu dienen Warenmengen nach Gewicht zu bestimmen, müssen tatsächlich per Gesetz geeicht werden. Alle anderen
   Waagen müssen nicht geeicht werden, es kann jedoch sinnvoll sein,
   diese zu kalibrieren. Darüber entscheidet dann das Unternehmen
   selbst. Es kommt darauf an, wie kritisch eine Falschmessung ist und
   wie sich eine solche auswirkt.
   Eine Waage, die zum Beispiel nur für das Abwiegen der Pakete für
   den Versand verwendet wird, muss definitiv nicht geeicht werden.

Diese dient nur dazu das Porto zu ermitteln. Allerdings kann es sinnvoll sein, die Waage trotzdem regelmäßig zu prüfen, damit die Pakete
richtig frankiert werden und auch pünktlich ankommen.

7.1.6   Wissen ist Macht

Normabschnitt 7.1.6 Wissen der Organisation

Was will die Norm erreichen?
Die Mitarbeiter finden die notwendigen Informationen vor, die sie zur qualitätsgerechten Ausführung ihrer Arbeit benötigen.

Was meint die Norm genau?
Neben den notwendigen Werkzeugen kann für bestimmte Tätigkeiten spezielles
Wissen erforderlich sein. Dabei kann es sich um generelles technisches Know-
how handeln (z. B. Handling bestimmter Stoffe, Anwendung einer handwerklichen Technik), oder um spezielles Wissen für einen Vorgang (wie eine Rezeptur,
Anwendung speziell erlernter Handgriffe). Gemeint ist in diesem Kapitel aber
nicht nur eingekauftes Wissen von außerhalb, sondern vor allem der Erfahrungsschatz im eigenen Unternehmen, der über die Jahre hinweg erworben wurde.

Es ist für den Mitarbeiter nicht hilfreich, wenn das Wissen veraltet ist oder er
nicht an das Wissen herankommt: Das Wissen muss also aktualisiert werden und
für den Mitarbeiter zugänglich sein.

Dabei muss geregelt werden, welches Wissen grundsätzlich erforderlich ist,
wann und wie die Informationen aktualisiert werden und welchen Mitarbeiter
welchen Zugang zu den Informationen bekommt.

Die Norm unterscheidet in der Anmerkung die internen Quellen von den externen Quellen für Wissen. Interne Quellen sind:

- Geistiges Eigentum
- Gesammelte Erfahrung in der täglichen Arbeit
- Gesammelte Erfahrung bezüglich gemachter Fehler und Erfolgen
- Gegenseitiges Weitergeben von Wissen und Erfahrungsaustausch
- Ergebnisse von Verbesserungsmaßnahmen

Externe Quellen sind:

* Normen
* Hochschulen
* Konferenzen und Messen
* Seminare und Schulungen
* Kunden
* Externe Anbieter, Lieferanten, Partner
* Mitbewerber, Benchmarking

Wie kann die praktische Umsetzung erfolgen?
Vor allem, wenn bei den Mitarbeitern ein Generationswechsel stattfindet oder ein Mitarbeiter aus einer Schlüsselposition das Unternehmen verlässt, wird der Geschäftsleitung klar, dass viel unternehmenseigenes Know-how auf diese Weise das Unternehmen verlässt. Viel Wissen des Unternehmens ist an die Mitarbeiter gebunden. Das Unternehmen muss sich Gedanken machen, wie das Wissen aus den Köpfen der Mitarbeiter im Unternehmen gesichert und weitergegeben werden kann.

Eine Möglichkeit ist die praktische Weitergabe von Wissen. Das könnte ganz klassisch über die gegenseitige interne Schulung erfolgen: Ein Mitarbeiter gibt sein Wissen in einem Vortrag oder Workshop an seine Kollegen weiter. Oder es werden gemischte Teams gebildet: Ein erfahrener Mitarbeiter und ein Anfänger bilden ein Team, der Anfänger profitiert vom Wissen des „alten Hasen".

Wissen kann enthalten sein in:

* Prozess-, Produkt- oder Leistungsbeschreibungen oder Spezifikationen
* Arbeitsanweisungen und Checklisten
* Leitfäden und Gebrauchsanleitungen
* Informationen und Pläne über Einrichtungen, Maschinen und die allgemeine Infrastruktur

Eine ganz andere Möglichkeit bietet heute die EDV: Viele Unternehmen bauen eigenen Wikis auf. Das sind Wissensdatenbanken, die den Mitarbeitern die Möglichkeit geben, Lösungen zu bestimmten Problemen über eine Datenbank für die spätere Zeit und für Kollegen festzuhalten.

Das Wissen von außen muss auf dem aktuellen Stand gehalten werden. Die Normen und Gesetze, die das Unternehmen anwenden muss, müssen aktuell sein.

Daher macht es Sinn, einen verantwortlichen Mitarbeiter zu benennen, der sich um die Aktualisierung kümmert.

Es gibt für Unternehmen eine Vielzahl an Möglichkeiten, sich fachlich auf dem neuesten Stand zu halten: Mitarbeiter besuchen Schulungen und Messen, Fachverbände schicken Infos, Fachzeitschriften werden abonniert usw. Nun sollte geregelt werden, wie dieses Wissen im Unternehmen an die Mitarbeiter verteilt wird, die das Wissen benötigen.

Aus der Praxis: Wikis speichern Wissen

In vielen Unternehmen – nicht nur in IT-Unternehmen, auch in anderen Branchen – haben sogenannte Wikis Einzug gehalten: Ein Nachschlagewerk für das fachspezifische Unternehmenswissen. Alle Informationen und Lösungen, die ein Mitarbeiter für ein bestimmtes Problem gefunden hat, oder fachspezifisches Wissen, das andere Projekte nutzen könnte, wird vom Mitarbeiter in eine Datenbank eingetragen und verschlagwortet. Somit stehen die Beiträge der Mitarbeiter auch für andere Mitarbeiter zur Verfügung. Die Beiträge sind voll versioniert, das heißt jede Überarbeitung ist nachvollziehbar.

Wenn ein Unternehmen ein solches Wiki nutzt, kann es noch einen Schritt weitergehen und alle unternehmensinternen Regelungen ebenfalls im Wiki zur Verfügung stellen. So entsteht dann ein QM-Wiki, das viele Vorteile bietet.

7.2 Können und Lernen

Normabschnitt 7.2 Kompetenz

Was will die Norm erreichen?
Das Unternehmen hat qualifizierte Mitarbeiter und bildet diese konsequent und nachweislich weiter.

Was meint die Norm genau?
Nicht alle Mitarbeiter des Unternehmens müssen bestens ausgebildet sein, mindestens aber die Mitarbeiter, die die Qualität der Produkte oder der Leistungen beeinflussen. Dieser Einfluss auf die Qualität kann direkt sein (Produktion, Vertrieb, Kundenbetreuung, Servicemontage …) oder indirekt (EDV, Lager, Qualitätskontrolle, Archiv …).

Jede Funktion im Unternehmen, die qualitätsrelevante Aufgaben beinhaltet, sollte mit einem Qualifikationsprofil ausgestattet sein. Aus diesem Qualifikations-profil sollte hervorgehen, was der Mitarbeiter in der jeweiligen Funktion können muss (Ausbildung, Zertifikate, Schulungen, Weiterbildungen, Erfahrung). Nun wird diese Vorgabe den tatsächlichen Gegebenheiten gegenübergestellt. Kann der Mitarbeiter fachlich nicht das, was er laut Qualifikationsprofil können muss, dann muss für eine Deckung dieses (Qualifikations-)Bedarfs gesorgt werden. Nach der (Schulungs-)Maßnahme muss der Erfolg der Maßnahme geprüft werden, d. h., es muss geprüft werden, ob der Mitarbeiter jetzt die notwendige Qualifika-tion erworben hat oder nicht. Der tatsächliche Ausbildungsstand des Mitarbeiters muss nachvollziehbar geführt werden.

Wie kann die praktische Umsetzung erfolgen?
Zuerst sollte eine Untersuchung über das aktuelle Können der Mitarbeiter gemacht werden. Dann sollte dieses aktuelle Können beurteilt und ggf. mit weite-ren benötigten Fähigkeiten ergänzt werden.

Aus der Praxis: Fremdsprachen – der nicht erkannte Schatz
In einem Handelsunternehmen telefonierte der Geschäftsführer lautstark. Sein Gesprächspartner schien ihn nicht zu verstehen – nicht wegen der schlechten Verbindung, sondern weil dieser Tscheche war und nur sehr schlecht Englisch sprach. Dies bekam eine Mitarbeiterin mit: Tschechisch war ihre Mutterspra-che, was aber keiner gewusst hatte. Sie übernahm die Übersetzung der Ver-handlungen am Telefon und es kam zu einem guten Geschäftsabschluss.

In der Konsequenz wurden die Mitarbeiter des Unternehmens befragt, welche Sprachen sie beherrschen. Bei den 15 Mitarbeitern kamen tatsächlich sieben Fremdsprachen zusammen. Diese wurden in eine Qualifikationsmat-rix eingetragen. Mit dieser Matrix verschaffte sich der Geschäftsführer einen guten Überblick, welcher Mitarbeiter welche Sprachen beherrscht. Als Konse-quenz daraus konnte das Handelsunternehmen seine Geschäfte über die Gren-zen Deutschlands hinaus ausdehnen.

Ein Qualifikationsprofil kann gut in eine Stellenbeschreibung integriert werden. Dieses Profil könnte auch bei Neuausschreibungen von zu besetzenden Stellen verwendet werden.

Eine weitere Möglichkeit zur Beschreibung der Mitarbeiterqualifikation bietet eine Qualifikationsmatrix. Dabei wird das Können der einzelnen Mitar-beiter bezüglich verschiedener Aspekte auf einer zum Teil mehrstufigen Skala eingestuft. Dies bietet einen sehr guten Überblick, lohnt sich aber erst ab einer bestimmten Anzahl von Mitarbeitern, deren Leistungen vergleichbar sind (z. B. Mitarbeiter einer Serienproduktion oder Dozenten eines Schulungsunternehmens). Bei Kleinstunternehmen mit unter zehn Mitarbeitern hat der Geschäftsführer auch ohne schriftliche Aufzeichnungen einen guten Überblick über die Funktionen und Aufgaben, die notwendigen Kompetenzen und die vorhandene Qualifikation der Mitarbeiter. Es sind keine Dokumente dazu gefordert.

Neuer Schulungsbedarf kann aus verschiedenen Gründen entstehen:

- Fehlerhaftes Arbeiten, Inkompetenz
- Neue Aufgaben werden zugeteilt
- Neue Arbeitsmittel (Software, Geräte …)
- Gesetzliche Vorgaben (Sicherheit, Medizinproduktegesetz …)

▶ **Irrtum Nr. 5: Die Norm schreibt einen Schulungsplan vor**
Ein etwas älterer Normirrtum ist der Schulungsplan, den die Norm angeblich vorschreibt. Es gibt jedoch keine konkrete Normforderung an eine Dokumentationspflicht für geplante Schulungen.

Die notwendige Qualifikation der Mitarbeiter muss ermittelt werden und den tatsächlichen Fähigkeiten gegenübergestellt werden. Wenn ein Mangel an Fähigkeiten besteht, muss dies ausgeglichen werden. Wie der Schulungsbedarf ermittelt, geplant und umgesetzt wird, bleibt jedem Unternehmen selbst überlassen.

Allerdings haben sich manche Instrumente und Formulare für die Unternehmen als hilfreich erwiesen, um den Prozess der Ermittlung, Planung, Durchführung und Bewertung der Schulungen transparent zu machen und sich damit leidige Diskussionen bei jeder Zertifizierung zu ersparen. Dennoch sollten Zertifizierungsauditoren offen für eigenständige Lösungen der Unternehmen sein.

Die Norm schreibt die Planung von Schulungen nicht ausdrücklich vor, dies ist jedoch ab einer gewissen Anzahl von Mitarbeitern sinnvoll. Das heißt, es sollte festgelegt werden, welcher Mitarbeiter an welcher Fortbildungsveranstaltung oder Schulung teilnehmen soll.

▶ Bei der Bewertung der erfolgten Schulung sollte nicht die Bewertung des Schulungsveranstalters im Mittelpunkt stehen (das wäre eine Lieferantenbewertung). Es sollte das erworbene Wissen und dessen Anwendbarkeit im betrieblichen Alltag des Mitarbeiters bewertet werden.

Eine Befragung des Mitarbeiters über den Schulungserfolg unmittelbar nach der Schulung ist nicht sinnvoll, da sich die Anwendbarkeit erst nach einer gewissen Zeit in der praktischen Umsetzung zeigt. Es ist also sinnvoller, den Mitarbeiter nach ein paar Wochen zu befragen. Dies könnte per Fragebogen oder im Interview geschehen. Das Thema „Schulungserfolg" genauso im regelmäßigen Mitarbeitergespräch oder im Zielerreichungsgespräch thematisiert werden. Die Bewertung des Könnens des Mitarbeiters kann durch den Mitarbeiter oder den Vorgesetzten erfolgen. Die beste Variante wäre eine gemeinsame Bewertung durch den Mitarbeiter und dessen Vorgesetzten, so ist die Einschätzung am ehesten objektiv. Es ist aber auch möglich, den Mitarbeiter bei seiner Tätigkeit zu beobachten oder ihn einem Test zu unterziehen. Schriftliche Tests bieten einen Nachweis für das Wissen eines Mitarbeiters. Dies ist vor allem bei sehr wichtigen haftungs- oder sicherheitsrelevanten Themen sinnvoll (z. B. bei der Hygiene bei der Lebensmittelverarbeitung oder der Sicherheit auf einer Baustelle).

Aus der Praxis: Ho capito? Compris? Entende? Anlıyor musun? Rozumiesz?
Bei einem Reinigungsdienstleister werden chlorhaltige und saure Reiniger verwendet. Beide Reiniger dürfen nicht zusammen oder unmittelbar nacheinander verwendet werden, da durch die Mischung von Chlorverbindungen mit Säure das hochgiftige Chlorgas entstehen kann.

Wegen der Gefährlichkeit der Reinigungsmittel und aufgrund der hohen hygienischen Anforderungen bekommen die Mitarbeiter eine Unterweisung. Diese Einweisung hat nur wenige Themen, die aber immens wichtig sind. Der Inhalt der Schulung muss unbedingt verstanden werden. Da in dieser Branche oft Mitarbeiter mit schlechten deutschen Sprachkenntnissen arbeiten, ist es schwierig, das Verstehen der schulischen Inhalte zu garantieren.

Das Unternehmen hat sich für die Bewertung des Verständnisses einen Test einfallen lassen: Es gibt zwei Testvarianten mit den wichtigsten Fragen (Mischung und Hygiene). Wegen des Sprachverständnisses wurde der Test in die fünf Sprachen übersetzt, die in dem Unternehmen am meisten gesprochen werden. Wenn ein Mitarbeiter diesen Test bestanden hat, hat der Unternehmer die Gewissheit und den eindeutigen Nachweis, dass der Mitarbeiter den Schulungsinhalt verstanden hat.

Aufzeichnungen über die Ausbildung des Mitarbeiters stellen die entsprechenden externen Nachweise dar (Zertifikate, Teilnahmebescheinigungen), die in der

Regel in der Personalakte gesammelt werden. Es gelten auch eigene Aufzeichnungen (Protokolle oder Anwesenheitslisten). Die Einarbeitung eines neuen Mitarbeiters kann über abgezeichnete Einarbeitungslisten aufgezeichnet werden. Für Mitarbeiter, die sehr viele Pflichtschulungen benötigen (z. B. Kranführer oder Krankenpflegepersonal), haben sich persönliche Nachweisbücher für die Schulungen bewährt.

7.3 Wissen, auf was es ankommt

Normabschnitt 7.3 Bewusstsein

Was will die Norm erreichen?
Jedem Mitarbeiter ist bewusst, warum gute Qualität so wichtig ist und wie diese erreicht werden kann.

Was meint die Norm genau?
Den Mitarbeitern muss bewusst sein, dass eine gute Qualität der Produkte oder Leistungen sehr wichtig für das Unternehmen ist. Dem Personal muss außerdem klar sein, was passiert, wenn ein Kunde mit der Qualität des Produktes nicht zufrieden ist – weil er beispielsweise fehlerhafte Ware bekommen hat – und welche Auswirkungen dies hat. Der Mitarbeiter muss dazu folgende Informationen bekommen:

- Qualitätspolitik
- Qualitätsziele
- der eigene Beitrag zur Qualität
- Auswirkung von möglichen Fehlern

Wie kann die praktische Umsetzung erfolgen?
Der innere Schweinehund des Menschen nötigt ihn dazu, sich immer den bequemsten Weg zu suchen. Dies kann auch Auswirkung auf die Qualität haben, wenn die Mitarbeiter versuchen, sich Arbeitsvorgänge bequemer einzurichten.

Aus der Praxis: Eine unbeabsichtigte Weltreise

Ein Unternehmen verpackt seine produzierten Teile für einen Kunden in dessen eigene Kartons. Die Kartons sind von außen jedoch nicht zu unterscheiden: Alle haben dieselbe Größe und sind aus Wellpappe. Die einzige Möglichkeit herauszufinden, was in dem jeweiligen Paket drin ist, ist das Etikett.

In diesem Unternehmen gibt es die Etiketten im Meisterbüro. Der Weg dorthin durch die gesamte Fertigung ist im schlechtesten Fall etwa 50 m weit: Zu weit für manche Mitarbeiter. Entgegen der eindeutigen Anweisungen jeweils nur für den aktuellen Auftrag Etiketten zu holen, werden oft Etiketten für mehrere nachfolgende Aufträge geholt und an der Maschine gehortet.

Es kam wie es kommen musste: Ein falsches Etikett fand den Weg auf eine Ware, die dann in ein Werk dieses Kunden versendet wurde. Durch einen unglücklichen Zufall wurde der Inhalt vor dem Versand nicht mehr kontrolliert: Das falsche Paket ging per Schiff nach Brasilien. In Brasilien wurde der falsche Inhalt vorgefunden und reklamiert.

Glück im Unglück: Die Ware musste nicht zurückgeholt werden, da die Teile später verbaut werden konnten. Aber die bestellten Teile mussten teuer zum Teil per Luftfracht zum Teil per Schiff nachgesendet werden.

Hier ist es wichtig, die Mitarbeiter auf diese möglich Auswirkung einer kleinen Etikettenverwechslung hinzuweisen und den Sinn der bestehenden Regelung mit diesem Beispiel zu erklären.

Daher ist es unerlässlich, die Mitarbeiter immer wieder an den Sinn des vermeintlich umständlichen Ablaufs oder an eine sorgfältige und gewissenhafte Arbeitsausführung zu erinnern. Die Bewusstseinsbildung für das Thema „Qualität" kann über mehrere Kanäle erfolgen:

- Die Vorbildfunktion der Geschäftsleitung und des Beauftragten der Leitung ist sehr wichtig. Nur das, was von oben herab vorgelebt wird, kann sich durch das ganze Unternehmen fortpflanzen und Früchte tragen.
- Schulungen sind eine weitere Möglichkeit. Dies muss nicht immer eine Großveranstaltung oder ein teurer Kurs sein. Qualität immer wieder bei kleinen Besprechungen zu thematisieren, ist weit sinnvoller. Vor allem, wenn es einen aktuellen Bezug gibt, wie eine aktuelle Reklamation oder neue Anforderungen an Produkte.
- Auch andere Kommunikationswege, wie Aushänge, Rundschreiben oder Artikel in der Unternehmenszeitung, können die Möglichkeit bieten, die Wichtigkeit der Qualität zu unterstreichen.

7.4 Wissen austauschen

Normabschnitt 7.4 Kommunikation

Was will die Norm erreichen?
Der interne und externe Informationsaustausch soll nicht dem Zufall überlassen werden, er muss geregelt sein.

Was meint die Norm genau?
Wissen und Know-how wird für die Arbeitsausführung immer wichtiger. Je komplexer Unternehmen organisiert sind, je intensiver die Arbeitsteilung wird, desto mehr Informationen müssen ausgetauscht werden. Daher müssen unterschiedliche Kommunikations- und Informationsaustauschmöglichkeiten für die Mitarbeiter geschaffen werden. Die Geschäftsführung muss festlegen, wer mit wem wann über was und wie ausgetauscht wird; sprich: die Geschäftsführung legt die Kommunikationswege fest. Dabei werden die externen Belange und Parteien nicht ausgeschlossen: Diese sollen in die Kommunikation einbezogen werden.

Wie kann die praktische Umsetzung erfolgen?
Ein sehr zweckmäßiges Mittel, mit dem Informationen über die Qualität unternehmensweit ausgetauscht werden können, ist der sogenannte Qualitätszirkel. Bei den regelmäßigen bereichsübergreifenden Treffen werden Informationen über die Qualität und Verbesserungsmöglichkeiten ausgetauscht. Die Qualitätszirkel können auch externe Parteien, wie Kunden, Partner und Lieferanten einschließen, sofern das sinnvoll ist.

Aber auch in den vorhandenen Besprechungen sollte die Qualität der Produkte und Leistungen sowie die Verbesserung der Abläufe immer ein Thema sein. Besprechungen sollten grundsätzlich gut vorbereitet und moderiert sein. Über die Ergebnisse der Besprechungen sollte immer ein Bericht erstellt und verteilt werden. Damit sind die Besprechungen nachvollziehbar und es gehen keine Beschlüsse verloren, da sie nachverfolgt werden können.

Aus der Praxis: Besprechungen – das bringt doch nichts
Viele Unternehmer sträuben sich gegen Besprechungen. Besprechungen seien doch sinnlos. Diese kosten nur Unmengen an Zeit und bringen überhaupt nichts. Diese Unternehmer meinen in der Regel Besprechungen, die

regelmäßig stattfinden. Diese Besprechungen sind keinem bestimmten Thema gewidmet. Sie sind nicht vorbereitet. Keiner moderiert oder leitet diese Besprechungen. Es gibt keinen roten Faden und kein Zeitlimit. Niemand führt Protokoll, jeder macht sich nur seine eigenen Notizen. Es werden Aufgaben verteilt, die nie wieder jemand nachkontrolliert, daher werden unliebsame Aufgaben einfach ignoriert und ausgesessen. Ja, es stimmt: Solchen Besprechungen bringen nichts und sind nur verschwendete Zeit.

Weitere Kommunikationsplattformen sind Aushänge an Informationstafeln oder an „schwarzen Brettern". Hier sollte darauf geachtet werden, dass die Aushänge regelmäßig ausgetauscht werden. Wird drei bis vier Wochen nichts Neues ausgehängt, verlieren die Mitarbeiter das Interesse und schauen nicht mehr auf das Brett.

Der Informationsaustausch mit Kunden wird bei vielen Unternehmen immer enger. Zum Teil werden Unternehmen als Lieferanten bereits in die EDV ihrer Kunden eingebunden. Enger geht die Verzahnung dann nicht mehr.

Bei der allgemeinen externen Kommunikation macht es Sinn, einen Ansprechpartner festzulegen. Das kann ein „Pressesprecher" sein oder ein Kundenbetreuer.

Aus der Praxis: Geschäftliche Telefonbetrüger

Von manchen unseriösen Konkurrenten wird das Telefon genutzt, um an interessante Informationen zu bekommen. Ein mittelständisches Produktionsunternehmen wurde Opfer einer solchen „Attacke": Der Anrufer gab sich als Mitarbeiter eines Kunden des Unternehmens aus und fragte nach dem Projektstand und nach einigen technischen Informationen. Zum Glück war der Mitarbeiter so geistesgegenwärtig und fragte beim Vertrieb zurück, ob der Anrufer denn bekannt sei, bevor er Informationen herausgab. Es stellte sich heraus, dass ein Mitarbeiter dieses Namens beim Kunden nicht bekannt war.

Dies hatte dann Konsequenzen. Das Unternehmen ergriff Maßnahmen, um dieses potenzielle Risiko einzudämmen: Es wurde für jeden Kunden ein fester Ansprechpartner festgelegt. So können unberechtigte Personen sofort identifiziert werden.

7.5   Ein Qualitätsmanagementsystem dokumentieren

Normabschnitt 7.5 Dokumentierte Informationen

7.5.1   Was brauchen wir schriftlich?

Normabschnitt 7.5.1 Allgemeines

Was will die Norm erreichen?
Die wichtigsten Regelungen zum Qualitätsmanagementsystem werden
schriftlich beschrieben.

Was meint die Norm genau?
Bestimmte wichtige Regelungen, die zu einem Qualitätsmanagementsystem
gehören, müssen schriftlich festgelegt werden. Das heißt übrigens im Umkehr-
schluss, dass im Unternehmen auch mündliche Regelungen erlaubt sind. Dabei
reicht es, wenn die Forderungen der Norm als Grundlage für das Handeln dienen.
Es genügt also in manchen Fällen, wenn gemäß der Normforderungen gehandelt
wird.

Dabei gibt es Dokumente, die von der Norm direkt gefordert sind (siehe
unten) und es gibt Dokumente, die sinnvoll für die Steuerung des Unternehmens und dessen Prozesse sind. Welche Dokumente sinnvoll sind, entscheidet
das Unternehmen selbst. Ziel der Norm ist hierbei, dass die Dokumentation für
kleine, mittlere und große Unternehmen angepasst werden kann und dass die
Dokumentation relevant und nützlich für die Durchführung der Prozesse ist.

Der Umfang der Dokumentation kann sehr unterschiedlich sein, um den unterschiedlichen Unternehmensgrößen und Branchen Rechnung zu tragen.

Die Norm unterscheidet Informationen, die „aufrechterhalten" werden müssen, von Informationen, die „aufbewahrt" werden müssen. „Aufrechterhalten"
meint, dass die Informationen vorhanden sein müssen, solange sie benötigt werden. Das sind meistens Dokumente, die zur Steuerung der Tätigkeiten im Unternehmen dienen oder als Hilfestellung für die Mitarbeiter. Mit „aufbewahren"
meint die Norm, dass die Informationen archiviert werden müssen. Das sind dann
die Dokumente, die zum Nachweis für die erbrachten Tätigkeiten dienen. Zum

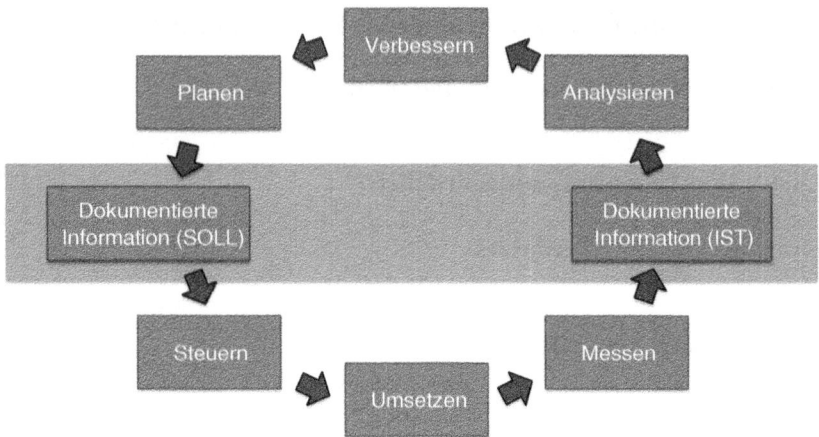

Abb. 7.1 Zusammenhang zwischen „Management" und „dokumentierten Informationen"

Tab. 7.1 Von der Norm geforderte dokumentierte Informationen

Normkapitel		Aufrechterhalten dokumentierter Information[a]	Aufbewahrung dokumentierter Information[b]
4.3	Festlegen des Anwendungsbereichs des Qualitätsmanagementsystems	X	–
4.4	Qualitätsmanagementsystem und seine Prozesse	X	X
5.2	Politik	X	–
6.2	Qualitätsziele und Planung zu deren Erreichung	X	–
7.1.5	Ressourcen zur Überwachung und Messung	–	X
7.2	Kompetenz	–	X
8.1	Betriebliche Planung und Steuerung	X	X
8.2.3	Überprüfung von Anforderungen für Produkte und Dienstleistungen	–	X
8.3.2	Entwicklungsplanung	–	X
8.3.3	Entwicklungseingaben	–	X

(Fortsetzung)

Tab. 7.1   (Fortsetzung)

Normkapitel		Aufrechterhalten dokumentierter Information[a]	Aufbewahrung dokumentierter Information[b]
8.3.4	Steuerungsmaßnahmen für die Entwicklung	–	X
8.3.5	Entwicklungsergebnisse	–	X
8.3.6	Entwicklungsänderungen	–	X
8.4.1	Allgemeines	–	X
8.5.2	Kennzeichnung und Rückverfolgbarkeit	–	X
8.5.3	Eigentum der Kunden oder der externen Anbieter	–	X
8.5.6	Überwachung von Änderungen	–	X
8.6	Freigabe von Produkten und Dienstleistungen	–	X
8.7	Steuerung nichtkonformer Ergebnisse	–	X
9.1.1	Allgemeines	–	X
9.2	Internes Audit	–	X
9.3.3	Ergebnisse der Managementbewertung	–	X
10.2	Nichtkonformität und Korrekturmaßnahmen	–	X

[a](früher: „Dokumente", „dokumentierte Verfahren", „Qualitätsmanagementhandbuch", „Qualitätsmanagementplan")
[b](früher: „Aufzeichnungen")

Teil müssen jedoch auch Dokumente, die aufrechterhalten werden müssen, auch archiviert werden.

Die Dokumentenerstellung hängt mit dem Managementaufgaben unmittelbar zusammen. Den Zusammenhang zeigt Abb. 7.1.

Die von der Norm geforderten „Dokumentierten Informationen" sind in Tab. 7.1 aufgelistet.

An vielen Stellen in der Norm steht geschrieben, dass „dokumentierte Informationen aufbewahrt" werden müssen. In den früheren Versionen der Norm wurde dies mit „Aufzeichnungen aufrechterhalten" formuliert. Das heißt, dass hier schriftliche Aufzeichnungen angefertigt und im Zertifizierungsaudit bei Bedarf vorgelegt werden können. Wenn in der Norm nur von „Informationen" die Rede ist, müssen diese nicht unbedingt schriftlich vorliegen (z. B. bei Normkapitel 4.1 und 4.2).

Wie kann die praktische Umsetzung erfolgen?
Bestimmte Regelungen müssen laut Norm schriftlich festgelegt werden. Interessanterweise betrifft dies vor allem Regelungen, ohne die ein Qualitätsmanagementsystem normalerweise nicht auskommt: eine Qualitätspolitik, Qualitätsziele, bestimmte Aufzeichnungen, die die qualitätskritischen Tätigkeiten bei den Abläufen beschreiben, wie zum Beispiel Ergebnisse von Prüfungen oder der Umgang mit Reklamationen.

Es müssen aber auch Regelungen schriftlich festgehalten werden, die unerlässlich für die Steuerung der Prozesse und die Fehlervermeidung sind.

Die Tiefe und damit der Umfang der Dokumentation sind immer davon abhängig, wie die Dokumentation genutzt wird. Dabei sollte die Zertifizierung als Nutzen nicht im Vordergrund stehen, sondern immer an letzter Stelle. Neben dem Verwendungszweck haben auch

- die Betriebsgröße,
- die Ausbildung der Mitarbeiter,
- die Unternehmenskultur bezüglich Eigenverantwortung,
- die Schwierigkeit und der Wiederholungsgrad der Aufgaben,
- Notwendigkeit von Belegen für eventuelle Produkthaftungsfälle.

Einfluss auf die Dokumentationstiefe.

▶   Eine gute Faustregel für Notwendigkeit neuer Regelungen ist: Ist das
      neue Dokument dafür geeignet, Fehler zu verhindern oder bei der
      Arbeitsausführung zu helfen? Bringt es mehr Nutzen als Arbeit?

Die Dokumente, die aufrechterhalten werden müssen und für alle Managementsysteme (nach High Level Structure) verpflichtend sind, sind folgende:

- Festlegen   des   Anwendungsbereichs   des   Qualitätsmanagementsystems
  (Normkapitel 4.3)
- Qualitätsmanagementsystem und seine Prozesse (Normkapitel 4.4)
- Politik (Normkapitel 5.2)
- Qualitätsziele und Planung zu deren Erreichung (Normkapitel 6.2)

Dazu kommen Dokumente, bei denen das Unternehmen entscheiden kann, ob diese für die tägliche Arbeit und deren qualitativer Absicherung hilfreich sind. Das können zum Beispiel folgende Dokumente sein:

- Qualitätshandbücher
- Qualitäts(management)pläne
- Prozesslandkarten und -übersichten
- Prozesse und Verfahren
- Anweisungen und Anleitungen für Arbeiten und Prüfungen
- Produktionspläne, Arbeitspläne, Prüfpläne
- Spezifikationen, Anforderungen, Beschreibungen
- Organigramm, Stellenbeschreibungen
- Formulare, Checklisten, Vorlagen
- Besprechungsprotokolle
- Lieferantenlisten
- Strategische Pläne, Entwürfe

Und dann gibt es noch die Dokumente (früher „Aufzeichnungen"), die laut Norm zwingend vorhanden und archiviert sein müssen:

- Nachweise dafür, dass die Prozesse so durchgeführt wurden, wie sie geplant waren (Normkapitel 4.4)
- Nachweise für die Tauglichkeit der Prüfmittel (Normkapitel 7.1.5.1)
- Nachweis für die Basis der Kalibrierung, wenn kein anerkannter Standard existiert (Normkapitel 7.1.5.2)
- Nachweis für die Kompetenz von qualitätsrelevanten Mitarbeitern (Normkapitel 7.2)
- Ergebnis der Machbarkeitsprüfung von Aufträgen (Normkapitel 8.2.3)
- Nachweise über die Erfüllung von Anforderungen bei der Entwicklung (Normkapitel 8.3.2)
- Aufzeichnungen über die Entwicklungseingaben (Normkapitel 8.3.3)
- Aufzeichnungen über die Entwicklungstätigkeiten und Prüfungen (Normkapitel 8.3.4)
- Aufzeichnungen über die Entwicklungsergebnisse (Normkapitel 8.3.5)
- Entwicklungsänderungen einschließlich der Bewertung und der notwendigen Maßnahmen (Normkapitel 8.3.6)
- Aufzeichnungen über Bewertung, Auswahl, Überwachung und wiederkehrende Bewertung von Lieferanten und Dienstleistern (Normkapitel 8.4.1)
- Nachweise für die Rückverfolgbarkeit – wenn dies eine Forderungen ist (Normkapitel 8.5.2)
- Aufzeichnungen über verlorenes oder beschädigtes Kundeneigentum (Normkapitel 8.5.3)

- Ergebnisse der Bewertung von Produktion oder Dienstleistungserbringung, einschließlich der verantwortlichen Person und der notwendigen Maßnahmen (Normkapitel 8.5.6)
- Aufzeichnungen über die Produktfreigabe einschließlich Konformitätsnachweis und der verantwortlichen Person (Normkapitel 8.6)
- Aufzeichnungen von Fehlern, den ergriffenen Maßnahmen und Sonderfreigaben einschließlich der verantwortlichen Stelle (Normkapitel 8.7)
- Ergebnisse der Auswertungen bezüglich Leistungsfähigkeit und Wirksamkeit des Qualitätsmanagementsystems (Normkapitel 9.1.1)
- Nachweise für die Umsetzung des Auditprogramms und die Auditergebnisse (Normkapitel 9.2.2)
- Nachweis für die Ergebnisse der Managementbewertung (Normkapitel 9.3.3)
- Nachweise für die Fehlerart, die getroffenen Maßnahmen und die Ergebnisse der Korrekturmaßnahmen (Normkapitel 10.2.2)

Wie die Dokumentation strukturiert und verwaltet werden kann, ist in den beiden folgenden Kapiteln beschrieben.

7.5.2 Regeln für Schriftsteller im Qualitätsmanagementsystem

Normabschnitt 7.5.2 Erstellen und Aktualisieren

Was will die Norm erreichen?
Die Erstellung und Änderung von Dokumenten unterliegen eindeutigen Regeln, um deren Eignung zu gewährleisten.

Was meint die Norm genau?
Die Regelungen im Unternehmen sollen nicht irgendwie und von irgendwem beschrieben werden. Das würde zu einem „Wildwuchs" von Dokumenten führen. Um das zu vermeiden, müssen Regeln für das Erstellen und Verwalten von Dokumenten aufgestellt werden. Die Norm möchte, dass dabei folgendes sinnvoll festgelegt wird:

- Das einzelne Dokument soll eindeutig identifizierbar sein und eindeutig bezeichnet sein. Dazu dienen zum Beispiel ein Titel, ein Datum, der Verfasser oder eine Referenznummer.

- Die Gestaltung und das Medium sollen geeignet sein. Zu den Gestaltungsmöglichkeiten gehören die Sprache, die Software, die Verwendung von Bildern und Symbolen, sowie das Medium, auf Papier oder als Datei.
- Es muss sichergestellt werden, dass ein geändertes oder neues Dokumente auch wirklich gebraucht wird und sinnvoll anzuwenden ist. Dazu muss ein Freigabeverfahren eingeführt werden.

Wie kann die praktische Umsetzung erfolgen?
Die Dokumentation kann unterschiedlichen Funktionen und Zwecken dienen:

- Absicherung der Qualität
- Know-how-Sicherung
- Lehrmaterial für neue Mitarbeiter
- Hilfestellung bei der Arbeitsausführung
- Absicherung gegen Haftungsansprüche
- Hilfsinstrument zur Steuerung von Abläufen
- Standardisieren von Abläufen
- Prozessoptimierung
- Absicherung beherrschter Prozesse
- Grundlage für die Zertifizierung

Es hat sich ein mehrgliedriger Aufbau der Qualitätsmanagementdokumentation bewährt: Ein zentrales Dokument bildet den Wegweiser. Das kann eine Prozessgrafik sein, ein Inhaltsverzeichnis oder eine Dokumentenübersicht. Vom zentralen Dokumente wird auf die weiterführenden genaueren Regelungen verwiesen. Das können zum Beispiel Prozessbeschreibungen sein. Von den Prozessen aus wird wiederum auf weitere Detailregelungen verwiesen, die in Arbeitsanweisungen, Betriebsanweisungen, Checklisten oder Formularen beschrieben sind. Dieser typische Aufbau einer Dokumentation ist in Abb. 7.2 dargestellt. Dieser Aufbau ist jedoch nicht verpflichtend. Bei Kleinstunternehmen kann es zweckmäßig sein, alle Regelungen kompakt in einem Handbuch oder Leitfaden zu beschreiben. In einem Konzern kann es weitere Dokumentationsebenen und Untergliederungen geben. Manche Unternehmen haben diese Strukturen völlig aufgelöst und die Dokumentation über eine Software oder ein Qualitätswiki gelöst. Hier gibt es nur noch einen Wegweiser in Form einer Einstiegsseite, die auf die Einzeldokumente verweist. In jedem Fall sollte der Aufbau der Dokumentation zum Unternehmen passen.

Die Dokumentation sollte immer schlüssig gegliedert sein. Im besten Fall finden sich die Mitarbeiter ohne weitere Erklärung in der Dokumentation anhand der Titel zurecht. Eine Gliederung der Dokumentation nach der Norm sollte

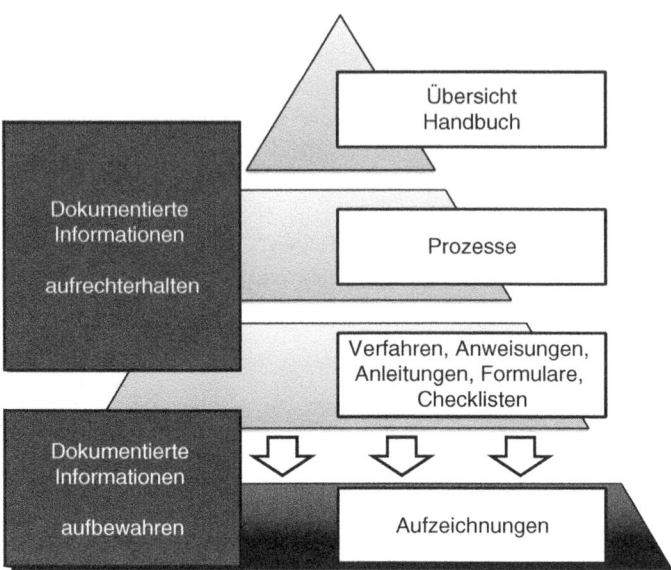

Abb. 7.2 Typischer Aufbau einer Qualitätsmanagement-Dokumentation

vermieden werden, da die Einteilung auf 99 % der Unternehmen nicht zutreffend ist. Außerdem finden sich die Mitarbeiter nicht in den Begriffen der Norm wieder und es gibt umfangreichen Erklärungs- und Schulungsbedarf.

Normiertes Handbuch

Bei sehr vielen Unternehmen findet man noch ein Qualitätsmanagementhandbuch mit folgender Kapiteleinteilung nach der DIN EN ISO 9001:2008:

Kap. 1   Inhalt
Kap. 2   Benutzerhinweise
Kap. 3   Informationen zum Unternehmen
Kap. 4   Qualitätsmanagementsystem
Kap. 5   Verantwortung der Leitung
Kap. 6   Management der Ressourcen
Kap. 7   Produktrealisierung
Kap. 8   Messung, Analyse, Verbesserung

Es werden also oft einleitende Kapitel gesucht, damit sogar die Kapitelnummerierung aus der Norm übernommen werden kann. Fragt man die Unternehmen nach dem Grund für diese Kapitelstruktur, bekommt man die Antwort, das müsse so sein, der Berater habe dies gesagt... Dann haben sich Unternehmer und Mitarbeiter an die Einteilung gewöhnt und diese wurde bei der Umstellung auf die DIN EN ISO 9001:2015 beibehalten.

Aus der Praxis: Die elegante Lösung – Wiki-Handbücher

In den letzten Jahren haben sogenannte Wiki-Handbücher Einzug gehalten. Die mit den meist kostenlosen Wiki-Programmen erstellten Handbücher finden vor allem bei EDV-lastigen Unternehmen Anklang. Die Handbücher sind ähnlich wie Wikipedia aufgebaut. Der Vorteil dieser Handbücher ist der logische Aufbau, die Stichwortsuche und die eingebaute Revisionierung. Schwierig hingegen ist der manchmal fehlende Schutz der Dokumente vor Überschreiben und der Mangel an Möglichkeiten, Abbildungen einzubinden. Auf jeden Fall benötigt das Unternehmen einen Mitarbeiter, der sich die Erstellung und Pflege des Handbuchs mit einer nicht alltäglichen Software zutraut.

Ein Beispiel für ein Wiki-Handbuch findet sich in Abb. 7.3.

Abb. 7.3   Beispiel für die Gliederung eines QM-Wikis

Es muss für den Benutzer eines Dokuments nachvollziehbar sein, ob er eine aktuelle Version oder eine veraltete Version dieses Dokuments vor sich hat. Die Version kann mit einem Versions- oder Revisionsstand (meist einer Nummer) gekennzeichnet sein. Dabei verwenden viele Unternehmen eine zweiteilige Nummer, die durch einen Punkt getrennt ist, wie es zum Beispiel für die **Versionsverwaltung** von Software üblich ist. Eine andere Variante ist es, die Version über ein Datum zu kennzeichnen. Es ist aber auch möglich, beides zu verwenden, Datum und Versionsnummer. Es ist lediglich ein eindeutiges Bestimmen des Änderungsstandes notwendig. Diesen Änderungsstand muss der Nutzer mit einer Referenzliste oder Aufstellung abgleichen können, damit er beurteilen kann, ob das von ihm verwendete Dokument auf dem aktuellen Stand ist.

Genauso wie die Version muss das Dokument selbst eindeutig zuordenbar sein. Bei der Verwendung von Namen für Formulare muss die Namensvergabe eindeutig sein, das heißt, es dürfen nicht zwei Dokumente denselben Namen tragen. Hier greifen viele Unternehmen auf ein Nummerierungssystem zurück. Dies kann aus einer Kombination von Ziffern und Buchstaben bestehen, die z. B. eine Zuordnung zu Prozessen, Handbuchkapiteln oder Abteilungen ermöglichen. Auch die Art des Dokuments kann in Buchstaben oder Zahlenkombinationen verschlüsselt werden.

Aus der Praxis: Ausgabestand festlegen

Es gibt viele Möglichkeiten, die Dokumente durchzunummerieren.

Eine Möglichkeit ist eine Buchstaben-Zahlen-Kombination, wie NN-ZZ-XX, wobei NN für den Dokumententyp steht, wie z. B. AA für Arbeitsanweisung, ZZ für die Kapitelnummer des Handbuchs und XX für eine fortlaufende Nummer.

Es sollte dabei darauf geachtet werden, dass die Kürzel nicht zu kompliziert sind und die Nummern nicht zu viele Stellen enthalten. Ein Kürzel wie SOP-QS-A3-0000013 ist für den Nutzer nicht mehr zuordenbar und macht viel Schreibarbeit bei Querverweisen auf dieses Dokument.

Eine andere Möglichkeit der Revisionierung ist aus der Softwarekonfiguration entlehnt: Die Revisionsnummer enthält XX.YY, wobei die XX für eine große Überarbeitung steht und YY bei kleinen Überarbeitungen hochgezählt wird. So ist es möglich, die Anzahl der großen und kleinen Überarbeitungen direkt aus der Revision zu entnehmen.

Die **Gestaltung der Dokumente** sollte vereinheitlicht werden, damit die Dokumente, die Regelungen enthalten, sofort erkennbar sind. Die Norm macht allerdings keinerlei Vorschriften, wie die Dokumententypen zu gestalten sind. Es ist

z. B. bei Prozessbeschreibungen ein Text genauso erlaubt wie eine Tabelle, ein Flussdiagramm oder die Programmierung eines Bearbeitungsflusses in der EDV. Hilfreich ist es, wenn der Verfasser im Dokument genannt ist. So weiß der Nutzer, an wen er sich mit Änderungswünschen wenden kann. In manchen Fällen ist nicht nur der Verfasser, sondern sind die gesamten am Freigabeprozess beteiligten Personen in der Fußzeile eines Dokumentes genannt, oft sogar noch mit Datum und Unterschrift. Ob das sinnvoll ist, muss jedes Unternehmen selbst entscheiden. Der Vorteil besteht in der Nachvollziehbarkeit der Freigabe, der Nachteil besteht im hohen Aufwand.

Eine weitere Grundanforderung an die Dokumentation ist die Verständlichkeit. Wenn ein Dokument zur Hilfestellung dienen soll, es vom Mitarbeiter vor Ort aber nicht verstanden wird, kann es seine Funktion nicht erfüllen. Ein Dokument sollte also in der Sprache seiner Nutzer geschrieben sein.

Die Dokumentation kann grundsätzlich in unterschiedlichen Medien erfolgen, Hauptsache, die Information kommt an:

- Symbole auf Aufklebern in der Produktion oder im Lager
- Auftragsabwicklung in der Software
- Aushänge
- Rundschreiben
- E-Mails
- Gebundene Handbücher
- Loseblattsammlungen
- EDV-Datenbank etc.

▶   Wichtig ist, dass die Information beim Anwender ankommt und von diesem verstanden wird.

Es müssen schriftliche Festlegungen getroffen werden, wie mit den erstellten Dokumenten umzugehen ist. Dabei müssen folgende Punkte geregelt werden:

Die **Freigabeverfahren** kann unterschiedlich gestaltet werden, je nach festgelegter Aufgabenverteilung: Zum Beispiel kann ein Qualitätsmanagementbeauftragte der Ersteller der Dokumente sein, der Fachbereich prüft die Formulierungen im Dokument nochmals auf Stimmigkeit. Wenn der Prozesseigner seinen Prozess überarbeitet oder eine Anweisung oder ein Formular entwirft, kann ein Qualitätsmanagementbeauftragter prüfen, ob die Formalien eingehalten sind. Oder ein Mitarbeiter wird mit dem Entwurf beauftragt, der Fachbereichsleiter prüft auf fachliche Inhalte, der Prozesseigner auf formale Gestaltung und

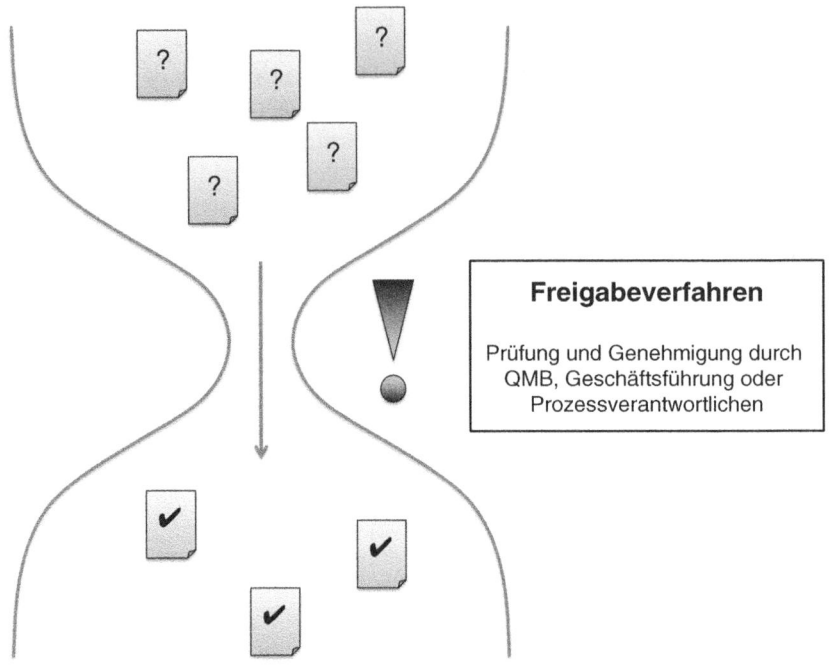

Abb. 7.4 Flaschenhalsprinzip bei der Dokumentenerstellung

die Geschäftsleitung auf Schnittstellen. Jedoch gilt für die Prüfungen allgemein das Vieraugenprinzip, um Fehler zu vermeiden. Ersteller und Prüfer sollten also immer zwei unterschiedliche Personen sein. Die endgültige Freigabe kann dann per Unterschrift dokumentiert werden, entweder auf dem Dokument selbst oder in einer Tabelle.

Es gibt noch eine andere Möglichkeit für die Gestaltung eines Freigabeverfahrens: das sogenannte Türsteher oder Flaschenhalsprinzip (siehe dazu Abb. 7.4). Dazu wird die Verantwortung für die Prüfung und die Freigabe von Dokumenten auf einen sehr eingeschränkten Personenkreis übertragen, den sogenannten Türsteher oder Flaschenhals. Nur die dafür bestimmten Personen dürfen geprüfte Dokumente in der EDV oder in der ausgedruckten Handbuchversion austauschen und entsprechend verteilen. So wird auch ohne Unterschrift gewährleistet, dass nur geprüfte und genehmigte Dokumente zugänglich sind und Verwendung finden.

7.5.3   Die Mitarbeiter mit den notwendigen Informationen versorgen

Normabschnitt 7.5.3 Lenkung dokumentierter Information

Was will die Norm erreichen?
Dokumente werden im Unternehmen so gesteuert, dass sie für Ihren Zweck verfügbar sind.

Was meint die Norm genau?
Dokumente, die Regelungen enthalten, müssen so gesteuert werden. Sie müssen für die Mitarbeiter verfügbar sein, die diese Dokumente zur Einarbeitung oder für Ihre tägliche Arbeit benötigen.

Dokumente dienen teilweise auch als Nachweis darüber, wie die Produkte oder Leistungen entstanden sind und wie das Qualitätsmanagementsystem insgesamt angewandt und umgesetzt wurde. Damit diese Aufzeichnungen nicht verloren gehen, müssen sie entsprechend verwaltet und archiviert werden.

Bei der Steuerung der Dokumente müssen folgende Punkte berücksichtigt werden, sofern sie anwendbar sind:

- Die Dokumente müssen so verteilt werden, dass bei allen Mitarbeitern die notwendigen Informationen ankommen.
- Der Zugang zu den Dokumenten muss geregelt sein. Jeder soll Zugang zu den Informationen bekommen, die notwendig sind.
- Die Nutzung von Dokumenten muss klar geregelt sein, um ggf. Missbrauch auszuschließen.
- Dokumente müssen aufbewahrt werden und dabei lesbar bleiben. Das war früher ein Problem von verblasenden Druckfarben, heute ein Problem der Softwareversion.
- Änderungen an Dokumenten müssen geregelt werden.
- Die Aufbewahrung und der Zugriff müssen geregelt werden.

Wenn Regelungen von außen für die Arbeit und die Prozesse wichtig sind, dann müssen diese Regelungen an die Mitarbeiter herangetragen werden. Es muss festgelegt werden, wer sich wie um diese externen Bestimmungen kümmert.

Dokumente, die als Nachweis dienen, dürfen nicht verändert werden und müssen entsprechend geschützt archiviert werden.

Wie kann die praktische Umsetzung erfolgen?

Die Dokumente in einem Unternehmen müssen gesteuert werden. Da die Dokumente die aktuellen Regeln und Tätigkeiten des Unternehmens enthalten, macht dies durchaus Sinn. Die Norm unterschied dabei zwei Arten von Dokumenten: Einerseits die Dokumente, die Regelungen enthalten und andererseits die Dokumente, die als Belege für die Ausführung von Tätigkeiten dienen. Es gibt auch Dokumente, die beiden Zwecken dienen (z. B. eine Prüfmitteldatenbank). Daher werden diese Funktionalitäten von der Norm seit der Version 2015 nicht mehr unterschieden.

Beispiele für „Dokumente" sind:

- Prozessbeschreibung, Ablauf, Verfahren
- Anweisung (Betriebsanweisung, Prüfanweisung ...)
- Vorlage, Checkliste oder Formular (unausgefüllt)
- Gesetz und Norm
- Gebrauchsanweisungen
- Fertigungsauftrag, Zeichnung, Stückliste, Rezeptur ...
- Kundenbestellung, Lastenheft, vertragliche Vereinbarungen, QSV ...
- Bericht (Auditbericht, Prüfbericht, Besuchsbericht ...)
- Protokoll (Prüfprotokoll, Besprechungsprotokoll ...)
- Checkliste und Formular (ausgefüllt)
- Anfrage, Angebot, Bestellung, Auftragsbestätigung, Lieferschein, Rechnung ...
- Urkunde und Bescheinigung

Bei größeren Unternehmen kann das Zuordnen von Dokumenten zu Mitarbeitern oder Abteilungen sehr komplex sein, man kann leicht den Überblick verlieren. Hier bietet sich ein schriftlich festgelegter Verteiler an. Dies kann zum Beispiel eine Matrix sein, die beschreibt, welcher Mitarbeiter in welcher Funktion welche Dokumente beachten muss. Es gibt jedoch auch Software, die eine automatische Zuordnung von Mitarbeitern zu bestimmten Dokumenten vorsieht. Damit können die Dokumente nach Erstellung und bei Änderungen problemlos an die betroffenen Mitarbeiter per Email verteilt werden. Bei sehr kleinen Unternehmen ist dies alles in der Regel nicht erforderlich. Sind die Dokumente für alle Nutzer in einem Intranet zugänglich, sollten die Dokumente vor unbeabsichtigten Änderungen geschützt werden.

Aus der Praxis: Der Dokumenten-Dschungel

In einem Übersetzungsbüro existierte ein Laufwerk mit Vorgabedokumenten. Im Büro war niemand für die Verwaltung der Dokumente auf dem Laufwerk zuständig, eine vorgegebene Struktur existierte nicht. Die Mitarbeiter waren täglich damit beschäftigt, die notwendigen Anweisungen, Vorlagen und Formulare für die einzelnen Vorgänge auf's Neue zu suchen.

Bei der Einführung des Qualitätsmanagementsystems wurden in einem ersten Schritt die verteilten Anweisungen zusammengesucht und übersichtlich strukturiert in einem Leitfaden zusammengefasst. Das Laufwerk wurde gesichert und geleert. Die wichtigsten Vorlagen und Formulare für die tägliche Arbeit wurden auf dem Laufwerk neu strukturiert abgelegt. Die Dokumente, die noch vergessen wurden, konnten in der Datensicherung gesucht und in die neue Struktur auf dem Laufwerk kopiert werden. Nach einem Jahr wurde die Sicherung gelöscht.

Der Arbeitsaufwand reduzierte sich damit um 10 %. Der Qualitätsmanagementbeauftragte kümmerte sich ab diesem Zeitpunkt zusammen mit der Bereichsleitung um die Strukturierung des Laufwerks und die Ablagesystematik.

Für manche interne Benutzergruppen ist es sinnvoll, einen eigenen Dokumentenordner oder sogar einen eigenen kleinen Leitfaden zusammenzustellen. Dies gilt insbesondere für Mitarbeiter, die keinen ständigen Zugang zu den Unterlagen im Unternehmen haben, wie z. B. Außendienstmitarbeiter.

Bei kleinen Organisationen genügt ein jährliches internes Audit, um den Änderungsbedarf an den Dokumenten zu ermitteln. Bei komplexeren Organisationen sollten die Dokumente planmäßig durchgesehen und überarbeitet werden. Die Dokumente können z. B. mit einem „Verfallsdatum" versehen werden. Ist das Verfallsdatum erreicht, werden die Dokumente auf Stimmigkeit und Zweckmäßigkeit überprüft und ggf. geändert. Zuständig für das Ändern ist in der Regel der Ersteller, es kann aber auch ein anderer Mitarbeiter dazu bestimmt werden.

Änderungen sind immer Fehlerquellen. Mit einer Kennzeichnung oder einem Hinweis wird mehr Aufmerksamkeit auf die Änderung gelenkt. Dies ist für den ausführenden sowie für den kontrollierenden Mitarbeiter hilfreich. Eine Kennzeichnung ist durch verschiedene Methoden möglich:

- Erläuterung der Änderung auf dem Deckblatt oder einem begleitenden Dokument (z. B. Infomail)
- Hervorheben der Änderung im Text selbst (farbig, kursiv, unterstrichen, Strich an der Seite …)

Diese Markierungen nimmt die Textverarbeitungssoftware auch automatisch vor
(Funktion „Änderungen hervorheben"). Die Markierung der Änderung sollte
zumindest bis zur nächsten Änderung bestehen bleiben oder bis zu dem Zeitpunkt
der erfolgreichen Umsetzung der geänderten Regelung.

Für einige Unternehmen sind bestimmte Gesetze oder Normen bei den Produkten oder Leistungen zu berücksichtigen. Beim Entwickeln neuer Produkte
oder Leistungen müssen die erforderlichen Vorschriften ermittelt werden. Diese
stehen dann im Idealfall den Mitarbeitern in einer Sammlung im Intranet oder an
einem zentralen Ort im Unternehmen zur Verfügung, da auch diese externen Vorschriften am Arbeitsplatz zur Verfügung stehen müssen. Es sollte ein zuständiger
Mitarbeiter benannt werden, der sich darum kümmert, die Vorschriften regelmäßig auf Aktualität zu prüfen. Einschlägige Branchenzeitschriften, Newsletter oder
Verbandsinformationen können dabei hilfreich sein. Es gibt für Normenänderun-
gen auch einen Infodienst des Beuth-Verlages.

Für manche Unternehmen ist es sinnvoll, ein Belegexemplar der alten Dokumente aufzubewahren. Vor allem in haftungskritischen Branchen ist es unter
Umständen wichtig, auch noch nach Jahren nachweisen zu können, welche Regelungen zur Zeit der Produktentstehung gegolten haben. Die Norm selbst hat an
das Aufbewahren veralteter Dokumente keine Anforderungen, das Unternehmen
legt dies selbst nach Bedarf fest. Wichtig ist, dass aufbewahrte Dokumente nicht
mit aktuellen Dokumenten verwechselt werden. Auch in versteckten Ordnern in
der EDV können veraltete Dokumente über Suchfunktionen aufgespürt werden.
Besser ist es, die alten Dokumente auf gesperrten Laufwerken zu deponieren.

Aus der Praxis: Mit einem Bein im Gefängnis

Es sollte eigentlich nicht sein, aber auf einer Baustelle passiert ein Arbeits-
unfall: Ein Mitarbeiter verzichtete auf die Nutzung einer Leiter und stieg auf
ein selbst gebautes Konstrukt, um eine bestimmte Stelle an der Hauswand zu
erreichen. Es kam wie es kommen musste: Der Arbeiter stürzte von seinem
„Bauwerk" und brach sich ein Bein.

Die Berufsgenossenschaft, die bei Arbeitsunfällen die Ausfallkosten und
die Behandlungskosten übernimmt, untersucht solche Fälle immer: Gibt
es eine Gefährdungsanalyse? Wurde der Mitarbeiter ausreichend geschult?
Wurde ein SiGeKo (Sicherheits- und Gesundheitskoordinator) für die Baustelle? Gibt es eine Betriebsanweisung für den Gebrauch von Leitern?

Das Bauunternehmen hatte einen externen SiGeKo von einem nach ISO
9001-zertifizierten Betrieb. Selbstverständlich konnten alle Nachweise vorgelegt werden. Der Mitarbeiter hatte wider besseren Wissens einen Fehler began-
gen. Weder der Bauunternehmer noch der SiGeKo ist für den Vorfall haftbar.

Die Aufbewahrung von Dokumenten ist in vielen Unternehmen über ein Archivierungssystem geregelt. In den meisten Unternehmen sind das Erstellen von Dokumenten und das Auswerten von Daten nicht geregelt. Die Norm hat im Normkapitel 9.1.1 „Überwachung, Messung, Analyse und Bewertung – Allgemeines" Anforderungen an die Sammlung und Auswertung von Daten zur Qualität. Es ist sinnvoll, die Regelungen zum Auswerten der Daten im jeweiligen Prozess zu regeln (z. B. Kundenzufriedenheit oder Lieferantenbewertung) und dem generellen Archivieren von Dokumenten ein eigenes Verfahren zu widmen.

Neben den steuerlichen Aufbewahrungspflichten sind vor allem die Vorschriften der Berufsgenossenschaften, des Bauwesens, des Lebensmittelrechts, der Strahlenschutzvorschriften und andere zu beachten. Viele Unternehmen unterhalten mittlerweile ein Dokumentenmanagementsystem. Diese Regelungen hierzu sollten beschrieben werden. Bei kleinen Unternehmen können die Regelungen zum Aufbewahren von Dokumenten in einer einfachen Tabelle oder Matrix festgelegt werden.

▶   Bei der Regelung der Archivierung ist zu beachten, dass es Aufbewahrungsfristen gibt, die von verschiedenen Gesetzen und Vorschriften gefordert werden.

Der Schutz der Dokumente betraf früher den Schutz von Papier. Papiere, die lange Zeit archiviert werden mussten, durften zum Beispiel nicht säurehaltig sein. Es gibt dazu spezielle säurearme Papiersorten, die nicht so schnell zerfallen. Die Dokumente mussten vor Feuchtigkeit, Brand, Nagetieren und ähnlichen Schäden bewahrt werden. Auch Diebstahl oder Sabotage kann im Zusammenhang mit Dokumentenschutz ein Thema sein. Daher sollten vertrauliche Unterlagen immer in verschlossenen Schränken aufbewahrt werden. Schrift auf Thermopapier kann verblassen, daher wurde oft eine Kopie gemacht. Bleistiftnotizen können ausradiert und so manipuliert werden, daher ist es geboten, einen wasserfesten Stift zu benutzen.

Im heutigen EDV-Zeitalter gibt es anderen Regelungsbedarf. Auch die EDV muss vor Zugriff unberechtigter Nutzer geschützt werden. Es muss also eine Benutzerverwaltung existieren. Bei bestimmten Dokumenten sollte der Zugriff eingeschränkt oder auf einen bestimmten Personenkreis beschränkt werden. Der Zugriff von außen muss immer durch eine entsprechende Firewall und ein Virenschutzprogramm ausgeschlossen werden.

Die Datensicherung muss auf die notwendige Verfügbarkeit nach einem Ausfall der Anlage abgestimmt sein. Ein Datensatz sollte immer außer Haus gelagert werden. Bei Daten aus spezifischen Programmen muss auch am Ende der

Aufbewahrungsfrist gewährleistet sein, dass es noch Programme gibt, die diese Daten lesen können. Außerdem sollte auch für die elektronischen Daten ein schlüssiges Ablagesystem geschaffen werden. Es ist oft sinnvoll, eine einheitliche Ordnerstruktur festzulegen, damit die abgelegten Dateien von allen Mitarbeitern wieder gefunden werden können. Die Vergabe von Dateinamen sollte einheitlich geregelt werden.

Aus der Praxis: Adventsfeuer

In einer Arztpraxis wurde vergessen, nach Feierabend den Adventskranz zu löschen. Es entwickelte sich im Laufe der Nacht ein Schwelbrand, der erst am nächsten Morgen entdeckt wurde. Während der Nacht war der Rauch in alle Ritzen der Arztpraxis gedrungen, auch in die Computer und in den (nicht feuerfesten) Tresor mit der Bandsicherung. Die Daten konnten auch von einem Fachunternehmen nicht mehr rekonstruiert werden. Teilweise konnten die Daten aus den Papierakten abgeschrieben und in die neue EDV-Anlage wieder eingegeben werden, die meisten Daten waren jedoch unwiederbringlich verloren. Der Schaden, der durch den Brand entstand, war damit immens. Vor allem, weil es nicht nur zu Sachschäden kam, sondern viele Daten verloren gingen.

Produkte herstellen und Leistung erbringen

8

Zusammenfassung

In Kap. 8 geht es um die Anforderungen der Norm an die wertschöpfenden Prozesse, das sind die Prozesse, mit denen in der Regel Geld verdient wird. Diese Prozesse unterschieden sich von Unternehmen zu Unternehmen sehr stark. Daher strukturiert die Norm die Anforderungen an diese Prozesse in typische Bereiche, die fast jedes Unternehmen vorzuweisen hat: Die Arbeitsvorbereitung, der Vertrieb, die Entwicklung, den Einkauf und die Produktion oder Dienstleistungserbringung selbst.

Normabschnitt 8 Betrieb

8.1 Wie sollen unsere Produkte und Leistungen entstehen?

Normabschnitt 8.1 Betriebliche Planung und Steuerung

Was will die Norm erreichen?
Bevor neue Produkte produziert oder neue Leistungen erbracht werden, ist alles entsprechend vorbereitet.

Was meint die Norm genau?
In diesem Kapitel wird das Planen und Vorbereiten der wertschöpfenden Prozesse behandelt, also der Prozesse, die unmittelbar am Entstehen des Produktes oder der Leistung beteiligt sind. Eine Planung von diesen Prozessen findet zum

© Springer Fachmedien Wiesbaden 2016

S. Brugger-Gebhardt, *Die DIN EN ISO 9001:2015 verstehen*,
DOI 10.1007/978-3-658-14495-1_8

Beispiel statt, wenn ein Unternehmen Prozessmanagement oder Qualitätsmanagement neu einführt. Außerdem werden Prozesse neu geplant, wenn ein Unternehmen ein völlig neues Geschäftsfeld erschließt oder einfach neue Produkte oder Leistungen umsetzen möchte.
Wenn das Unternehmen neue Prozesse einführt, muss es sich zu folgenden Punkten Gedanken machen:

- Anforderungen an das Produkt oder die Leistung, das entstehen oder die erbracht werden soll
- Umsetzungskriterien und Kennzahlen für den Prozess
- Prüfmerkmale für das Produkt oder die Leistung
- notwendige Ressourcen (Geräte, Maschinen, Personal, Schulung)
- Prozesssteuerung, basierend auf den Prozesskennzahlen und den Prüfergebnissen
- notwendige Dokumente (Formulare, Arbeitsanweisungen, Protokolle) und deren Steuerung bzw. Archivierung

Das Ergebnis dieser Überlegungen muss in einer Form vorliegen, die für das Umsetzen praktikabel ist. Dies kann z. B. ein schriftlicher Qualitäts (management) plan oder ein entsprechend programmierter Prozess in der ERP-Software sein.
Die Norm weist außerdem auch an dieser Stelle auf mögliche Änderungen hin. Wenn bestehende Pläne oder Prozesse geändert und angepasst werden, dann muss das überlegt geschehen. Das Unternehmen muss bewerten, ob es aufgrund der Änderung zu Problemen kommen könnte und entsprechend darauf reagieren.
Außerdem müssen auch ausgelagerte Prozesse entsprechend gesteuert werden. Hier wird jedoch auf das Normkapitel 8.4 „Steuerung von extern bereitgestellten Prozessen, Produkten und Dienstleistungen" verwiesen.

Wie kann die praktische Umsetzung erfolgen?
Die „Betriebliche Planung und Steuerung" findet in den Unternehmen in der Regel als ein Teil der Produktentwicklung statt oder ist bei der Arbeitsvorbereitung angesiedelt.
Normalerweise macht sich die Entwicklungsabteilung bereits während der Konstruktion Gedanken darüber, wie das Produkt später hergestellt werden soll. Auch bei der Entwicklung einer neuen Dienstleistung kümmert man sich bereits im Vorfeld um die spätere Umsetzung. Wie die spätere Produktion oder die Umsetzung der neuen Leistung erfolgen soll, kann in einem eigenen

Dokument zusammengefasst werden (Qualitätsplan). Es ist möglich, bereits während der Entwicklung erste Schritte zur Umsetzung des neuen Produkts oder der neuen Dienstleistung in die Wege zu leiten. Dies kann das Programmieren der firmeneigenen Software sein (z. B. bei der Produktion das Anlegen eines neuen Artikels) oder das Erstellen der notwendigen Dokumente zur Leistungsdurchführung (z. B. bei Schulungen in Form eines Trainerleitfadens und der Schulungsunterlagen).

Aus der Praxis: Arbeitsvorbereitung im Schulungszentrum

Wird in einem Schulungszentrum ein neuer Kurs angedacht, gibt es im Vorfeld viele Tätigkeiten, bis der Kurs tatsächlich angeboten werden kann.

Bevor ein Kurs beworben und angeboten werden kann, muss der Inhalt des neuen Angebots ausgearbeitet werden. Der Kursinhalt wird in der Regel in einem Trainerleitfaden beschrieben, der außerdem die didaktischen Methoden und die eingesetzten Mittel sowie Praxisübungen enthält. Für den Kurs werden Teilnehmerunterlagen erstellt. Die Kursinhalte und die Teilnehmerunterlagen werden auf Vollständigkeit und fachliche Richtigkeit geprüft. Ist der geeignete Trainer gefunden, werden die Marketingunterlagen erstellt, mit denen der Kurs beworben wird. Eventuell sind spezielle Materialien, eine spezielle Software oder Geräte für den Kurs notwendig, die noch beschafft werden müssen. Wenn das alles abgeschlossen ist, kann es in die konkrete Planung von Terminen gehen, die wiederum mit dem Trainer und der Raumbelegung abgestimmt werden müssen.

Bei so vielen ineinandergreifenden Tätigkeiten ist ein geregeltes Vorgehen unerlässlich. Hierzu ist ein beschriebener Prozess oder ein Verfahren sehr sinnvoll.

Im Rahmen der Arbeitsvorbereitung ist es unter Umständen sinnvoll, sich eine Checkliste oder eine Verfahrensbeschreibung zu erarbeiten, die alle wesentlichen Punkte enthält, die beim Einführen eines neuen Produktes oder einer neuen Leistung erforderlich sind. Dies können zum Beispiel sein: Aufnehmen des neuen Artikels in den Katalog, Schaffen eines Lagerplatzes, Vergabe einer Artikelnummer etc.

8.2   Mit den Kunden reden

Normabschnitt 8.2 Anforderungen an Produkte und Dienstleistungen

8.2.1   Wie sprechen wir mit unseren Kunden?

Normabschnitt 8.2.1 Kommunikation mit dem Kunden

Was will die Norm erreichen?
Damit der Kunde wirklich das bekommt, was er bestellt hat, ist der Informationsaustausch mit dem Kunden sehr wichtig und entsprechend geregelt.

Was meint die Norm genau?
Der erste Teil des Normkapitels 8.2 ist ein Sammelkapitel über alle möglichen Arten des Kundenkontaktes, die geregelt werden müssen.

Die Kunden müssen über die Produkte oder das Leistungsspektrum des Unternehmens informiert werden, damit sie das richtige Produkt auswählen können. Außerdem benötigt der Kunde vielleicht eine Anleitung, wie er das Produkt anwenden soll.

Der Ablauf bei Kundenbestellungen muss geregelt sein. In der Regel ist der Vertrieb ein wichtiger wertschöpfender Prozess, der sowieso in einer Prozessbeschreibung geregelt ist. Dort ist dann der Ablauf von der Anfrage bis zur Auftragsbestätigung beschrieben. Auch das Vorgehen bei Auftragsänderungen muss festgelegt werden.

Der Umgang mit Rückmeldungen und Beschwerden von Kunden muss ebenfalls geregelt sein. Diese Informationen sind immens wichtig für die Verbesserung von Produkten und Leistungen.

Der Umgang mit Kundeneigentum kann auch einen Kundenkontakt beinhalten. Hier ist zu regeln, wie mit Informationen bezüglich Kundeneigentum umzugehen ist und wie diese im Unternehmen gesteuert werden.

Wenn die Kunden Anforderungen bezüglich Notfallmaßnahmen haben (z. B. Rückrufaktionen), dann muss auch das geregelt werden.

Wie kann die praktische Umsetzung erfolgen?
Der direkte Kontakt mit dem Kunden ist besonders wichtig, da hier der Eindruck des Kunden vom Unternehmen und dessen Produkten und Leistungen wesentlich

geprägt wird. Und aus dem Eindruck, der beim Kunden hinterlassen wird, formt sich die Kundenzufriedenheit.

Der Kunde muss wissen, was das Produkt kann oder die Leistung beinhaltet. Nur so kann er sich für das richtige Produkt entscheiden und ist hinterher zufrieden.

Auch muss der Kunde informiert werden, wie er das Produkt anwenden muss oder wie er damit umzugehen hat, damit er es optimal nutzen kann.

Die Lieferbedingungen und Serviceleistungen sind in der Regel im Angebot definiert. Hier ist zum Beispiel festgelegt, ob ab Werk oder frei Haus geliefert wird. Oft ist das Verhandlungssache.

Bei der Gestaltung des Vertriebsprozesses sind auch die Anforderungen unter Normkapitel 8.4.2 zu berücksichtigen. Der Prozess sollte so gestaltet sein, dass er flüssig abläuft. Der Vertrieb ist die Visitenkarte eines Unternehmens und der Kunde trifft hier seine erste Kaufentscheidung. Geht bereits hier etwas schief, platzt vielleicht der gesamte Auftrag.

Bei der Entgegennahme von Kundenrückmeldungen muss klar sein, wer z. B. Kundenbeschwerden oder Garantiefälle entgegennehmen darf und wie mit ihnen umgegangen wird. Ein Kunde, der sich beschwert, möchte, dass das Unternehmen seine Produkte oder Leistungen verbessert, weil er sie auch weiterhin in Anspruch nehmen möchte. Daher ist eine Rückinformation des Kunden bei Reklamationen sehr sinnvoll. Dem Kunden sollte erläutert werden, welche Maßnahmen aufgrund seiner Reklamation ergriffen wurden.

Manchmal sind die Mitarbeiter der Reklamationsannahme mit den verärgerten Kunden überfordert. Hier sollten gegebenenfalls Verhaltensregeln für die Gesprächsführung aufgestellt oder Schulungen für Konfliktlösungen angeboten werden. In einigen Unternehmen ist es sinnvoll, dem Mitarbeiter die Befugnis für bestimmte Angebote an den Kunden zu erteilen, um im Falle einer Reklamation eine schnelles Zufriedenstellen des Kunden zu ermöglichen.

Das Kundeneigentum ist auch in Normkapitel 8.5.3 geregelt. Neben dem Umgang mit dem Kundeneigentum muss auch die Kommunikation festgelegt werden: Wer informiert in welchem Fall den Kunden? Hier können auch individuelle und sehr ausgefeilte Kommunikationsregeln festgelegt werden.

Auch wenn das Unternehmen noch so sehr auf die Qualität achtet, kann trotzdem etwas schief gehen. Können durch Fehler die Kunden gefährdet werden oder kann ein größerer finanzieller Schaden entstehen, muss es einen Notfallplan geben. Durch den Plan soll der Schaden verringert oder abgewendet werden können. Für Notfälle sollten mindestens die Zuständigkeiten für die Entscheidungen und die Kommunikation zum Kunden geregelt sein. Es muss klar geregelt sein, wer in welchem Fall der Überbringer der schlechten Nachrichten ist. Dazu passend wäre eine entsprechende Qualifikation in Kommunikationstechniken sinnvoll.

8.2.2   Was Kunden wollen...

Normabschnitt 8.2.2 Bestimmen von Anforderungen für Produkte und Dienstleistungen

Was will die Norm erreichen?
Das Unternehmen bietet nur Produkte und Leistungen an, die gesetzeskonform sind und die auch geliefert werden können.

Was meint die Norm genau?
Der zweite Teil des Normkapitels 8.2 beschäftigt sich mit dem weiteren Umgang mit den unterschiedlichen Anforderungen an ein Produkt oder eine Leistung. Diese ermittelten Anforderungen müssen vom Unternehmen auch erfüllt werden können.
Dabei muss überprüft werden, ob

* die Anforderungen alle zutreffenden gesetzlichen und behördlichen Anforderungen beinhalten,
* die Anforderungen, die vom Unternehmen als notwendig eingestuft wurden, festgelegt sind.

Das Unternehmen darf keine Produkte und Leistungen anbieten, die es nicht liefern oder erbringen kann.

Wie kann die praktische Umsetzung erfolgen?
Bei den Anforderungen an ein Produkt oder eine Leistung können grundsätzlich zwei Situationen unterschieden werden:
Es kann sich entweder um ein Produkt (oder eine Leistung) handeln, das von einem Unternehmen für den Markt entwickelt und dann vertrieben wird. Oder es handelt sich um ein Produkt, das einmalig und speziell auf Kundenwunsch gefertigt wird und für das der Kunde umfangreiche Spezifikationen vorgibt.
Bei einem Produkt für den Markt muss sich das Unternehmen im Klaren sein, welche gesetzlichen Anforderungen eingehalten werden müssen und wie die eigene Zielsetzung aussieht. Das Produkt muss schließlich in das Produktportfolio des Unternehmens passen. Erst nach dieser Prüfung kann das Produkt entwickelt und auf dem Markt angeboten werden.

Bei einem individuellen Produkt für den Kunden müssen auch gesetzliche Bestimmungen eingehalten werden (auch wenn der Kunde eventuell andere Vorstellungen hat) und dann natürlich die Kundenwünsche umgesetzt werden. Hier wäre es wichtig zu regeln, wie das Unternehmen die Einhaltung der gesetzlichen Regelungen überprüft und den Kunden ggf. auf den Konflikt hinweist. Erst dann kann eine Entwicklungs-, Produktions-, Liefer- oder Leistungszusage erfolgen.

Aus der Praxis: Ein Bäcker ist kein Architekt

Ob das Produkt bereits fertig ist und dem Kunden angeboten wird oder das Produkt direkt nach Kundenwünschen entwickelt und gefertigt wird, macht einen großen Unterschied für die Ermittlung der Kundenwünsche.

Eine Bäckerei entwickelt Produkte „auf gut Glück", das heißt, er ermittelt die Kundenanforderungen weitgehend nach Versuch und Irrtum. Der Bäcker macht sich Gedanken, welche neue Brotmischung seinen Kunden gefallen könnte und entwickelt eine neue Rezeptur. Es werden ein paar Probestücke zur Verkostung angeboten. Kommen diese Stücke gut an, wird das neue Brot in das Sortiment aufgenommen. Wenn es nach einigen Wochen immer noch gerne gekauft wird, erfüllt das neue Brot die Kundenanforderungen.

Ein Architekt fragt hingegen konkret nach den Wünschen, die das neue Haus betreffen. Möchte der Bauherr ein großes oder kleines Haus, spitzer Giebel oder Flachdach, weißer, gelber oder grüner Anstrich. Diese Abfrage der Kundenwünsche geht bis in die kleinsten Details, bis zu den Türgriffen, Positionen der Steckdosen oder den Badfliesen. Der Architekt hat also einen ganzen Fragenkatalog, der ihm hilft, nichts zu vergessen.

8.2.3 Können wir das leisten, was wir zusagen?

Normabschnitt 8.2.3 Überprüfung der Anforderungen für Produkte und Dienstleistungen

Was will die Norm erreichen?

Ein Unternehmen nimmt nur die Aufträge an, die es auch wirklich erfüllen kann. Verträge sind immer eindeutig.

Was meint die Norm genau?

Wieder kann man die zwei Situationen unterschieden: Die Entwicklung für den Markt oder für den Kunden.

Im ersten Fall muss sich ein Unternehmen weitreichende Gedanken um die Wünsche der Kunden machen. Und zwar nicht nur um die konkreten, nachvollziehbaren, funktionellen Anforderungen an das Produkt, sondern vor allem um die nicht ausgesprochenen, vorausgesetzten Anforderungen.

Im zweiten Fall spielen die unausgesprochenen Forderungen des Kunden eine geringere Rolle. Das Unternehmen muss dafür sorgen, dass die Forderungen eines Lastenheftes möglichst vollständig erfasst sind, sodass es nur zu wenigen Rückfragen oder Verzögerungen kommt. Dies schließt auch die Anforderungen bezüglich der Lieferung und dem Kundenservice mit ein.

Selbstverständlich müssen auch die gesetzlichen und behördlichen Anforderungen an ein Produkt ermittelt und berücksichtigt werden. Eine Gesetzes- und Normenrecherche ist also unerlässlich.

Oft gibt es weitere Anforderungen einer Branche oder der Organisation selbst, wie zum Beispiel ein bestimmter Standard in der Ausführung oder ein bestimmtes Erscheinungsbild. Es kann zum Beispiel Unternehmenspolitik sein, auf bestimmte schädliche Materialien zu verzichten oder bestimmte Zusatzleistungen zu erbringen.

Das Unternehmen muss außerdem prüfen, ob es Unterschiede zwischen den Anforderungen des Kunden (Auftrag) und denen des Unternehmens (Angebot) gibt. Wenn es welche gibt, müssen diese Unterschiede geklärt werden.

Die Prüfung, ob das Unternehmen dazu in der Lage ist, die ganzen Anforderungen an das Produkt oder die Leistung zu erfüllen, muss vor einer Lieferzusage erfolgen. Sollten Unterschiede zwischen den Anforderungen des Kunden und dem Angebot des Unternehmens bestehen, müssen diese vor der Auftragserteilung geklärt werden.

Sofern sinnvoll, muss das Unternehmen die Ergebnisse dieser Prüfung schriftlich festhalten. Wenn es neue Anforderungen an Produkte oder Leistungen gibt, muss auch dies dokumentiert werden.

Wie kann die praktische Umsetzung erfolgen?

Die Anforderungen der Kunden an ein Produkt für den freien Markt können auf verschiedenen Wegen ermittelt werden:

- Kundenbefragung, Kundengespräche
- Kundenrückmeldungen des eigenen Kundenservices über Kundenwünsche
- Produkttests über Fokusgruppen (Anwendertests, Verkostungen …)
- Verbrauchertests (z. B. Stiftung Warentest)

- Marktanalysen
- Umsatzzahlen bestehender Produkte, Produktbeobachtung

Beim Erstellen von Pflichtenheften für ein kundenspezifisches Produkt ist wiederum hilfreich, einen eigenen Anforderungskatalog zusammenzustellen, um nichts zu vergessen.

Neben den Kundenanforderungen müssen auch immer die gesetzlichen Anforderungen berücksichtigt werden. Ein zertifiziertes Unternehmen darf dabei keinen Handel mit dem Kunden eingehen, in dem sich beide Parteien einig sind, über bestimmte gesetzliche Vorschriften hinwegzusehen. Beispiele für gesetzliche Anforderungen an Produkte oder Leistungen sind:

- CE-Kennzeichnung
- Kennzeichnung von Inhaltsstoffen
- Gefahrstoff- und Gefahrgutkennzeichnung, Gefahrenhinweise für Verbraucher etc.

Neben den Anforderungen von außen vom Kunden oder dem Gesetzgeber gibt es auch selbst auferlegte Anforderungen. Damit möchte das Unternehmen einen bestimmten Kundenkreis ansprechen oder den Wiedererkennungswert der Produkte steigern. Beispiele für eigene Anforderungen eines Unternehmens sind:

- Design
- Bestimmtes Aussehen in Farbe und Form
- Bestimmte Haptik oder Akustik
- Zusammensetzung und Qualität von Rohstoffen
- Bezugsquellen und Herkunft von Rohstoffen
- Art der Erzeugung von Rohstoffen, z. B. Bioanbau bei Lebensmitteln etc.

Aus der Praxis: Die Gartenwerkzeuge, die jeder kennt

Türkis und orange: Die Farben sind unverwechselbar und untrennbar mit dem europäischen Marktführer für Gartengeräte verbunden: Gardena.

Diese Farben von Gardena entwickelten sich zu einem Synonym für qualitativ gute Gartengeräte, sodass sich unter den anderen Herstellern schnell Nachahmer fanden. Inzwischen folgen die meisten Gartengerätehersteller diesem Farbdesign.

Diese Farben sind natürlich eine Anforderung von Gardena selbst an das Design der eigenen Gartengeräte. So kann der Kunde sofort die „guten Geräte" von Gardena im Geschäft wiedererkennen.

Der Ablauf einer Kundenbestellung ist in der Regel in einem Vertriebsprozess beschrieben. Dort sollte auch berücksichtigt werden, dass manche Kunden versuchen, ihre Einkaufsbedingungen durchzusetzen. Diese sind Vertragsbestandteil und sollten immer gründlich geprüft werden. Auch versuchen manche Kunden die angebotene Lieferung „Ab Werk" in "Frei Haus" zu verwandeln. Die Norm fordert vom Unternehmen, dass dieser Widerspruch mit dem Kunden geklärt wird.

Aus der Praxis: Spezialvereinbarungen – wer schreibt, der bleibt

Bei einem Automobil-Zulieferer traf eine Reklamation ein. Die Teile hätten einer bestimmten Prüfung unterzogen werden müssen. Diese Prüfung ist offensichtlich nicht erfolgt, denn ein Teil der gelieferten Ware erfüllte die Anforderungen nicht.

Die Durchführung dieser Prüfung war aber ein Passus in den Standardverträgen des Kunden mit seinen Lieferanten. Dem Lieferanten wurde Vertragsbruch vorgeworfen.

Als der Lieferant die Teile angeboten hatte, wurde jedoch die Durchführung der Einzelprüfung ausdrücklich ausgeschlossen, da dem Lieferanten das spezielle Gerät nicht zur Verfügung stand und sich eine Anschaffung auch nicht gelohnt hätte. Daher wurde vereinbart, dass die Prüfung beim Kunden stattfinden sollte und die Teile dort aussortiert werden.

Zum Glück wurde diese Vereinbarung im Angebot und in der Auftragsbestätigung festgehalten und den Einkaufsbedingungen des Kunden in diesem Punkt ausdrücklich widersprochen. Das konnte dem Kunden so vorgelegt werden und die Reklamation war vom Tisch.

Vor der Auftragsannahme muss das Unternehmen außerdem prüfen, ob es überhaupt in der Lage ist, das vom Kunden geforderte Produkt herzustellen und zum Wunschtermin zu liefern oder die geforderte Leistung im geforderten Zeitraum zu erbringen. Beispielsweise wird geprüft, ob.

- das notwendige Know-how vorhanden ist,
- die notwendigen Maschinen und Geräte zur Verfügung stehen,
- die Mitarbeiter entsprechend qualifiziert sind,
- die Kapazitäten (Personal, Maschinen, Lager) ausreichen,
- die Rohstoffe und Materialien beschafft werden können,
- der geforderte Termin eingehalten werden kann,
- die geforderte Menge produziert werden kann.

Die Dokumentation der Auftragsfreigabe geschieht heute in der Regel über den Freigabeprozess eines Auftrages in der EDV. Über das Benutzerkonto ist auch nachvollziehbar, wer die Freigabe erteilt hat. Wird keine Freigabe erteilt, stockt in der Regel der Vertriebsprozess oder er wird abgebrochen, indem entweder kein Angebot oder keine Auftragsbestätigung erstellt wird.

Kann ein Auftrag nicht erfüllt werden, fordert die Norm, dass man das fairerweise dem Kunden mitteilt. Lieber einen nicht-erfüllbaren Auftrag ablehnen als eine Zusage erteilen und den Kunden dann enttäuschen. Es könnte auch passieren, dass das Projekt mit dem Kunden aus dem Ruder läuft und Zusatzkosten entstehen, die das Unternehmen nicht einkalkuliert hat. Oft bleibt das Unternehmen dann auf den zusätzlichen Kosten sitzen.

Die Machbarkeitsprüfung für Katalogware kann laut Norm vereinfacht werden und darin bestehen, dass man die Verfügbarkeit der Produkte in ausreichender Zahl sicherstellt und dass man die Produkte so gut beschreibt, dass sich der Kunde ein Bild darüber machen kann, ob es das richtige Produkt für ihn ist.

Alle diese Anforderungen der Norm an einen Verkaufsprozess sollten in einer entsprechenden Prozessbeschreibung berücksichtigt werden.

Aus der Praxis: Darum prüfe, wer sich vertraglich bindet

Bei einem kleinen Metallbearbeiter kam es zu einer Überraschung: Der Geschäftsführer hatte vorschnell eine Qualitätssicherungsvereinbarung (QSV) unterschrieben, ohne den Text gründlich zu studieren. Die QSV verbarg allerdings Forderungen wie eine FMEA (Fehlermöglichkeits- und Einflussanalyse), eine Liefergarantie, diverse Prüfungen und schließlich eine Forderung für eine Haftpflichtversicherung für Rückrufaktionen.

Der Geschäftsführer bereute seine Unterschrift sehr. Aber die meisten dieser Forderungen konnten relativ problemlos umgesetzt werden; und in Sachen Versicherung, die sehr teuer gewesen wäre, lies der Kunde mit sich reden und der Absatz wurde nachträglich aus der QSV gestrichen.

8.2.4 Die Qual der Wahl

Normabschnitt 8.2.4 Änderungen von Anforderungen an Produkte und Dienstleistungen

Was will die Norm erreichen?
Auf Änderungen wird besonders geachtet, damit hier keine Fehler passieren.

Was meint die Norm genau?

Aufträge können immer Änderungen unterliegen, im Vertriebsprozess ebenso wie in den umsetzen Folgeprozessen. Auch für diesen Fall muss das Unternehmen sorgen. Es müssen die bereits erstellten Dokumente geändert werden und alle betroffenen Mitarbeiter informiert werden.

Wie kann die praktische Umsetzung erfolgen?

Manchmal wissen Kunden einfach nicht, was sie wollen. Oder äußere Umstände verursachen Änderungen, wie zum Beispiel das Ineinandergreifen verschiedener Gewerke in einer Baustelle.

▶   Es gilt der Grundsatz: Änderungen sind Fehlerquellen.

Sofern ein Prozess oder Ablauf nach Plan verläuft, geht in der Regel alles seinen geregelten Gang. Doch wenn der laufende Auftrag geändert werden muss, weil der Kunde nun doch andere Wünsche hat, ist es oft sehr kompliziert, die Änderung an allen notwendigen Stellen zu kommunizieren. Bei Vertragsänderungen hat es sich oft als sinnvoll erwiesen, dass man diese geänderten Verträge wie Neuaufträge behandelt und den entsprechenden Prüfungen erneut unterzieht. Wenn der Auftrag bereits läuft, müssen alle bestehenden Dokumente ausgetauscht werden und alle betroffenen Mitarbeiter informiert und auf die Änderung explizit hingewiesen werden.

8.3   Das noch nie Dagewesene: Neuentwicklungen

Normabschnitt 8.3 Entwicklung von Produkten und Dienstleistungen

8.3.1   Keine Wolkenschlösser bauen

Normabschnitt 8.3.1 Allgemeines

Was will die Norm erreichen?
Das Unternehmen soll umsetzbare Produkte entwickeln.

Was meint die Norm genau?
Das Unternehmen muss die Tätigkeiten im Rahmen der Entwicklungstätigkeit so gestalten, dass umsetzbare – also produzierbare oder dienstleistbare – Produkte und Leistungen entwickelt werden.

Wie kann die praktische Umsetzung erfolgen?
Wenn der Entwicklungsprozess gestaltet wird, dann muss sich das Unternehmen überlegen, welche Vorgaben, Informationen und Regelungen notwendig sind, um zu einem brauchbaren Ergebnis zu kommen. Es soll nicht auf das Geratewohl dahinentwickelt werden.

8.3.2   Entwicklung und das Projektmanagement

Normabschnitt 8.3.2 Entwicklungsplanung

Was will die Norm erreichen?
Ein Entwicklungsprojekt wird nicht auf gut Glück durchgeführt, sondern überlegt und geplant.

Was meint die Norm genau?
Die Norm fordert für das Entwickeln eines Produktes oder einer Leistung eine vorausschauende Planung. Grundsätzlich gibt es bei den Anforderungen eine Ähnlichkeit mit den Anforderungen an ein Projektmanagement. Das Unternehmen soll das Projekt in sinnvolle Phasen einteilen und sinnvolle Steuerungsmaßnahmen ergreifen. Es sollen folgende Punkte bei der Planung eines Entwicklungsprojektes berücksichtigt werden:

- Die Art, Dauer und Umfang eines Entwicklungsprojektes kann und darf unterschiedlich sein.
- Die erforderlichen Phasen beinhalten zum Teil auch Prüfungen („Meilensteine"), sowohl Verifizierungen (Umsetzungsprüfungen) als auch Validierungen (Tauglichkeitsprüfungen).
- Verantwortungen und Befugnisse für das Projekt klären und festlegen (Projektleitung, Projektteam).

- Den Bedarf an Ressourcen (Personal, Räume, Ausstattung, Fremdleistungen, Budget) klären.
- Schnittstellen zu betroffenen Abteilungen und zum Kunden klären.
- Der Kunde oder Anwender ist ggf. in die Entwicklung einzubinden.
- Das entwickelte Produkt muss gefertigt werden können und die Dienstleistung auch erbracht werden können.
- Der Kunde hat Ansprüche an das Projektmanagement und möchte in Entscheidungen eingebunden werden.
- Notwendige dokumentierte Informationen, um den Erfolg der Entwicklung beurteilen zu können.

Wie kann die praktische Umsetzung erfolgen?

Wenn ein Entwicklungsprojekt nach den Regeln des Projektmanagements abwickelt wird, hat es viele der Normforderungen erfüllt. Im Projektmanagement gibt es vor der Freigabe des Projektes eine Planungsphase, in der die Entwicklungsphasen mit den jeweiligen Meilensteinen (Bewertungen) und Prüfungen, die Projektorganisation und die Schnittstellen festgelegt werden. Bei größeren Projekten ist das Erstellen eines projektbezogenen QM-Plans sinnvoll, in dem alle qualitativen Belange bezüglich des Projektes geregelt werden.

Aus der Praxis: Gantt-Diagramm – simpel, aber nützlich

Ein Gantt-Diagramm oder Balkenplan ist ein Instrument im Projektmanagement, mit dem die zeitliche Abfolge von Aktivitäten grafisch darstellt werden kann. Dabei werden in der Y-Achse des Diagramms die einzelnen Aktivitäten oder Schritte im Projekt aufgelistet, die X-Achse ist eine Zeitachse. Im Diagramm werden die Aktivitäten mit ihrer Dauer als waagerechte Balken eingetragen. Das Gantt-Diagramm ist ein einfaches Instrument, das jedoch einen sehr guten Überblick über die einzelnen Aktivitäten und den gesamten Stand des Projektes gibt.

Im Sinne der Norm ist es außerdem, dass sinnvolle Produkte und Leistungen entwickelt werden. Sowohl der Kunde als auch der Anwender sind bei Bedarf in die Entwicklung einzubinden. Um Fehlentwicklungen zu vermeiden, sollte bei Entwicklungen frühzeitig geprüft werden, ob der Nutzer das Produkt sinnvoll verwenden kann.

Auch ist es wichtig, das Produkt später beherrscht produzieren zu können bzw. die Leistung auch vernünftig und gut erbringen zu können. Es ist zum Beispiel

nicht sinnvoll einen Autoscheinwerfer zu entwerfen, bei dem ein defekter Leucht-
körper nur in stundenlanger Arbeit getauscht werden kann.

8.3.3   Was muss rein ins Produkt?

Normabschnitt 8.3.3 Entwicklungseingaben

Was will die Norm erreichen?
Es werden alle möglichen Informationen genutzt, um das Entwicklungsziel
eindeutig festzulegen.

Was meint die Norm genau?
Beim Start des Projektes muss überlegt werden, welche Eingaben oder Vorgaben
für die Entwicklung bereits vorhanden sind und welche noch benötigt werden.
Dabei soll eine Konzentration auf die wesentlichen Informationen erfolgen. Es
sind zu berücksichtigen:

- Funktions- und Leistungsanforderungen an das Produkt oder die Leistung
- Informationen aus anderen Entwicklungsprojekten
- Gesetzliche Anforderungen
- Technische Normen oder Branchenstandards, auch Selbstverpflichtungen
- Bekannte Fehler an bestehenden Produkten oder Leistungen
- Die Anforderungen müssen auf Informationsgehalt, Vollständigkeit und Ein-
  deutigkeit geprüft werden. Widersprüche müssen beseitigt werden.
- Über die Eingaben müssen Nachweise archiviert werden.

Wie kann die praktische Umsetzung erfolgen?
Diese Eingaben und Informationen für ein Entwicklungsprojekt können vorliegen
in Form von:

- Lastenhefte und Pflichtenhefte
- Skizzen
- Umfragen

- Fehlerlisten
- Testergebnisse
- Marktinformationen
- Bestehende Entwicklungsakten

Es ist sinnvoll, alle Informationen bezüglich eines Entwicklungsprojektes gesammelt in einer Entwicklungsakte aufzubewahren, damit die Informationen für das nächste Entwicklungsprojekt wieder zur Verfügung stehen.

Zur Ermittlung und Analyse dieser Anforderungen an ein zu entwickelndes Produkt gibt es auch verschiedene Qualitätstechniken, wie QFD (Quality Function Deployment), FMEA (Failure Mode and Effects Analysis bzw. Fehlermöglichkeits- und -einflussanalyse), FTA (Fault Tree Analysis) usw. Damit können komplexe Anforderungen strukturiert und eventuelle Widersprüche beseitigt werden.

Es ist sehr sinnvoll, in einer frühen Phase der Entwicklung möglichst viele Fehler auszuschließen. Je später ein Fehler in einem Entwicklungsprojekt entdeckt und beseitigt wird, desto größer der Aufwand. Man spricht pro Entwicklungsphase von einer Verzehnfachung der Fehlerkosten.

8.3.4 Damit nichts aus dem Ruder läuft

Normabschnitt 8.3.4 Steuerungsmaßnahmen für die Entwicklung

Was will die Norm erreichen?
In einem Entwicklungsprojekt wird regelmäßig geprüft, ob und wie das Ziel erreicht werden kann.

Was meint die Norm genau?
Ein Projekt soll nie zufällig ablaufen, sondern immer so gesteuert werden, dass es nach Plan abläuft. Zu den erwünschten Steuerungsmaßnahmen gehören:

- Genaues Festlegen des Entwicklungsziels
- Zwischenbewertung des Entwicklungsziels
- Durchführen von Verifizierungen (Umsetzungsprüfungen) und Validierungen (Tauglichkeitsprüfungen)

- Maßnahmen zur Beseitigung von Problemen einleiten
- Dokumentieren der Tätigkeiten

Bei den Zwischenbewertungen findet in einem interdisziplinären Team eine Einschätzung statt, wie weit das Projekt fortgeschritten ist und ob das Projekt noch auf dem richtigen Weg ist. Es werden die Zielsetzung, das Budget und der terminliche Fortschritt geprüft und die Projektplanung ggf. angepasst. Wenn Probleme entstanden sind, werden diese gemeinsam gelöst.

Nach DIN EN ISO 9000 „Grundlagen und Begriffe zu Qualitätsmanagementsystemen" sind die Begriffe Verifizierung und Validierung wie folgt definiert:

▶ **Verifizierung:** Bestätigung durch Bereitstellen eines objektiven Nachweises, dass festgelegte Anforderungen erfüllt worden sind.

Validierung: Bestätigung durch Bereitstellen eines objektiven Nachweises, dass die Anforderungen für einen spezifisch beabsichtigten Gebrauch oder eine spezifisch beabsichtigte Anwendung erfüllt worden sind.

Mit der Verifizierung ist das Prüfen des Produktes anhand der Vorgaben gemeint, wie zum Beispiel eine Überprüfung der Maßhaltigkeit anhand eines Lastenhefts, statische Berechnungen, Laboranalysen oder Kalkulationen. Der Nachweis für die Überprüfung besteht zum Beispiel aus einem Muster und einem Messprotokoll.

Bei der Validierung wird geprüft, ob das Produkt für den tatsächlichen Gebrauch tauglich ist. Beispielsweise kann die Passform durch den Einbau in eine Baugruppe überprüft werden. Auch Anwendertests, Belastungstests oder Klimaversuche können ein Teil der Produktvalidierung sein. Hier besteht der Nachweis z. B. aus dem Musterteil und den aufgezeichneten Testbedingungen und -ergebnissen.

Wie kann die praktische Umsetzung erfolgen?
Folgt ein Entwicklungsprojekt dem klassischen Projektmanagement, dann finden in geeigneten Phasen, die vorher bei der Entwicklungsplanung festgelegt wurden, Bewertungen des Projektstandes und Prüfungen der Zwischenergebnisse der Entwicklung statt. Diese Bewertungen finden in der Regel bei einem Meilenstein statt. Das Projekt wird nicht weiter fortgeführt, bevor diese „Hürde" genommen ist. Solche Bewertungen können auch projektbegleitend als Jour-fixe-Besprechung stattfinden. Zu jeder dieser Besprechungen sollte ein Protokoll angefertigt werden.

Aus der Praxis: Projektüberblick mit Projektblatt

Für einen guten Überblick bezüglich der Projektstände hat sich bei einem großen Beratungsunternehmen das Projektblatt bewährt. Auf einem Projektblatt sind die wesentlichen Stammdaten zu finden, wie Ziel des Projekts, Projektbeteiligte wie Auftraggeber, Projektleiter, Mitglieder des Projektteams, Budget und Zeitfenster.

An aktuellen Daten sind der Stand im Zeitplan, der Stand beim Budget, erreichte Meilensteine, momentane Probleme oder Konflikte auf dem Projektblatt sinnvoll.

Damit haben alle Beteiligten jederzeit den aktuellen Projektstand im Blick und es kann rechtzeitig auf Probleme reagiert werden.

Genauso wie die Bewertungen finden auch andere Prüfungen in den festgelegten Phasen eines Projektes statt.

In der Verifizierung wird der Stand mit den ursprünglichen Anforderungen an das Produkt abgeglichen. Meistens findet dies in Form von festgelegten Tests statt. Über die durchgeführten Prüfungen und Tests muss immer ein Protokoll geführt werden. Das Ergebnis der Prüfungen fließt in die Bewertung des Projektes ein.

Eine Validierung findet in der Regel kurz vor dem Abschluss des Entwicklungsprojektes statt. Es werden oft verschiedene Testreihen durchgeführt. Es sollte auf jeden Fall vermieden werden, dass die Validierung direkt bei den ersten Kunden durchgeführt wird, weil z. B. ein unreifes Produkt auf den Markt gelangt ist. Über die durchgeführten Tests muss immer Protokoll geführt werden. Die Ergebnisse der Tests fließen in die Bewertung des Projektes ein.

Aus der Praxis: Validierung von Software am Kunden?

Die Validierung von Software ist nicht einfach. Vor allem, wenn es sich um sehr komplexe Software handelt. In der Softwarebranche ist eine Validierung „der Prozess des Bestätigens, dass die Spezifikation einer Phase oder des Gesamtsystems passend zu und konsistent mit den Anforderungen des Kunden ist. Man unterscheidet das Testen der Software im Labor (System Validation) und das Testen in der realen Umgebung (Environment Simulation).

Die Hauptanforderung vieler Kunden an eine Software ist sicherlich, dass diese fehlerfrei und ohne Bugs (Programmierfehler) funktioniert. Es ist mit den Tests zwar nicht möglich, eine 100 % Fehlerfreiheit zu garantieren. Aber es ist möglich, eine Software so umfassend zu testen, dass sie nahezu fehlerfrei funktioniert. Und man kann in der späteren Nutzungsphase die eingehenden Fehlermeldungen zu einer weiteren Behebung der noch nicht entdeckten

Fehler nutzen. In weiteren Updates und Service Packs können diese entdeckten Fehler dann ausgebessert werden.

Übrigens: Microsoft versteht unter der „Validierung" die Zuordnung der Software zur Lizenz.

8.3.5   Die fertige Entwicklung – so sieht sie aus

Normabschnitt 8.3.5 Entwicklungsergebnisse

Was will die Norm erreichen?
Das Entwicklungsergebnis beschreiben das entwickelte Produkt oder die entwickelte Leistung eindeutig.

Was meint die Norm genau?
Das Ergebnis eines solchen Entwicklungsprojektes muss erst einmal die Vorgaben erfüllen. Dazu muss das Ergebnis in einer Form vorliegen, die eine solche Prüfung ermöglicht. Es müssen im Ergebnis die Kriterien angegeben sein, auf die es bei einer späteren Produktion oder Leistungserbringung sowie bei der Anwendung ankommt.

Das Entwicklungsergebnis muss auch die notwendigen Informationen bereitstellen, damit die Produktion oder die Leistungserbringung geplant werden kann (siehe Normkapitel 8.1).

Wie kann die praktische Umsetzung erfolgen?
Die Ergebnisse können vorliegen in Form von:

- Zeichnungen und Stücklisten
- Analysen
- Testergebnissen
- Produktbeschreibungen, Inhaltsangaben oder Rezepturen
- Berechnungen, Simulationen
- Modellen, Prototypen, Mustern, Mock-ups
- Patentschriften
- Leistungsbeschreibungen und Leitfäden

Die Form der Ergebnisse muss so sein, dass die notwendigen Tests durchgeführt werden können, um die Qualität der Ergebnisse zu prüfen. Es soll sowohl eine Verifizierung und eine Validierung ermöglicht werden, als auch produktionsbegleitende Prüfungen, Produktfreigaben oder Leistungskriterien zur Dienstleistungserbringung. Die notwendigen Informationen, um eine technische Dokumentation oder eine Gebrauchsanweisung zu erstellen, sollen im Entwicklungsergebnis bereits enthalten sein.

Aus der Praxis: Erlkönige

Manche Produkte sind so komplex, dass es nicht möglich ist, sofort ein komplettes „Probeprodukt" oder gar eine Erstserie zu fertigen. Manchmal müssen diese Proben in kleinen Schritten erfolgen und sich langsam der Realität nähern.

Ein Beispiel dafür ist der Prototypenbau in der Automobilindustrie. Da für das Design des Fahrzeugs die Aerodynamik eine wesentliche Rolle spielt, wird das Design vom Groben in immer feinere Details weiterentwickelt. Zuerst wird ein Cubingmodell aus Kunststoff oder Holz gefertigt, mit dem die spätere Form festgelegt wird. Diese Formen werden in größerem Maßstab im Windkanal getestet und weiter präzisiert. Nach der Konstruktion des Innenlebens wird das Fahrzeug weit entwickelt bis zum sogenannten Erlkönig, dem endgültigen Modell, an dem zahlreiche Fahrtests unter möglichst realitätsnahen Bedingungen gemacht werden.

8.3.6 Vorsicht bei Änderungen

Normabschnitt 8.3.6 Lenkung von Entwicklungsänderungen

Was will die Norm erreichen?
Entwicklungsänderungen sind Fehlerquellen, daher werden Änderungen besonders hervorgehoben und kommuniziert.

Was meint die Norm genau?
Ein besonderes Augenmerk legt die Norm auf Entwicklungsänderungen, sodass den Änderungen ein eigenes Unterkapitel gewidmet ist. Änderungen sind immer Fehlerquellen und bedürfen besonderer Aufmerksamkeit, manchmal auch besonderer Regelungen.

Änderungen müssen grundsätzlich aufgezeichnet werden, damit sie später noch nachvollziehbar sind. Dabei ist die Änderung selbst, die Überprüfungen sowie die befugte Stelle für diese Änderung festzuhalten. Auch die Auswirkungen und Maßnahmen, die Änderungen zur Folge haben, müssen schriftlich festgehalten werden.

Wie kann die praktische Umsetzung erfolgen?
Die Vorgehensweise bei Änderungen kann in einem Prozess, einem Verfahren oder einem QM-Plan für Entwicklungsprojekte beschrieben werden. Dabei sollte mindestens festgelegt werden, wer Änderungen genehmigt und wie die Änderungen dokumentiert werden.

Aus der Praxis: Änderungen als Fehlerquellen
Beim Pizza-Lieferservice gehen an einem Samstagabend 200–300 Pizzen über den Tresen. Die Pizzabäcker haben Routine und kennen jede Pizza im Schlaf. Jede Bewegung ist automatisiert. Doch wehe es kommt eine Änderung: Da hat jemand eine Capricciosa ohne Artischocken bestellt oder eine Calzone ohne Schinken, aber dafür mit Salami – und schon kommt die Routine aus dem Tritt und es passieren Fehler: Die Capricciosa hat nun doch Artischocken und die Calzone hat keinen Schinken und keine Salami. Hätte der Kunde einfach nach dem vorhandenen Angebot bestellt, wären diese Fehler nicht passiert. Hat der Kunde aber besondere Wünsche, müssen diese hervorgehoben werden, z. B. mit einem roten Stift oder einem Textmarker.

8.4 Qualitätsgerechtes Shopping

Normabschnitt 8.4 Steuerung von extern bereitgestellten Prozessen, Produkten und Dienstleistungen

8.4.1 Nicht mit jedem Lieferanten

Normabschnitt 8.4.1 Allgemeines

Was will die Norm erreichen?
Das Unternehmen bezieht seine guten Rohstoffe und Leistungen nur von fähigen und zuverlässigen Lieferanten.

Was meint die Norm genau?

Dieses Normkapitel regelt alle Anforderungen an Prozesse, die mit dem Einkauf von Produkten, Leistungen oder der Auslagerung ganzer Prozesse zu tun haben, die Einfluss auf das Endprodukt haben. Als mögliche Fälle nennt die Norm.

• Produkte und Leistungen, die in eigene Produkte und Leistungen eingebaut werden,
• Produkte und Leistungen Dritter, die den eigenen Kunden verkauft werden und
• Ausgelagerte Tätigkeiten

Alles was zugekauft wird und Einfluss auf die Qualität hat, muss den Anforderungen entsprechend, die der Einkäufer festgelegt hat. Um das zu gewährleisten, müssen entsprechende Steuerungsmaßnahmen festgelegt werden.

Im zweiten Teil des Normkapitels, das die Überschrift „Allgemeines" trägt, geht es um die Lieferantenbewertung. Es wird gefordert, dass das Unternehmen Lieferanten vor und während einer Lieferbeziehung beurteilen muss. Die Kriterien für diese Beurteilung muss jedes Unternehmen selbst aufstellen und diese können sich von Lieferant zu Lieferant unterscheiden, je nach Produkt oder Dienstleistung.

Die Lieferantenbewertung muss aufgezeichnet werden. Außerdem muss eine Leistungsbewertung der Lieferanten in der Managementbewertung erfolgen (siehe Normkapitel 9.3).

Wie kann die praktische Umsetzung erfolgen?

Auch wenn Produkte und Leistungen zugekauft oder ganze Prozesse ausgelagert werden, ist dennoch der Käufer für diese Produkte, Leistungen oder Prozessergebnisse gegenüber seinen Kunden verantwortlich. Der Kunde hat dies bei seinem Lieferanten in Auftrag gegeben, nicht bei dessen Lieferanten. Daher gibt es auch keine Ausflüchte, wenn fehlerhafte Produkte oder Leistungen an die eigenen Kunden weitergegeben werden: Jedes Unternehmen muss sicherstellen, dass die zugekauften Produkte und Leistungen qualitätsgerecht sind. Die entsprechenden üblichen Steuerungsmaßnahmen hierzu sind.

• die sorgfältige Auswahl eines zuverlässigen Lieferanten oder Dienstleisters (siehe Normkapitel 8.4.1),
• die schriftliche Beauftragung mit einer genauen Beschreibung der Anforderungen an das Produkt und die Leistungen (siehe 8.4.3) und

- die Prüfung der Produkte und Leistungen, die in eigene Produkte integriert oder als eigene Produkte oder Leistungen weiterverkauft werden (siehe Normkapitel 8.4.2).

Es gibt viele verschiedene Verfahren zur Lieferantenbewertung. Manche dieser Vorgehensweisen sind sehr aufwendig. Nicht jeder Lieferant ist gleichermaßen wichtig. Der Aufwand für die Lieferantenbewertung sollte entsprechend der Wichtigkeit des Lieferanten für das Endprodukt gestaltet werden. Das heißt, für wichtige, teure oder sicherheitsrelevante Produkte sollte viel Aufwand betrieben werden, für unwichtige Produkte oder Standardprodukte sollte sich der Aufwand von Wareneingangsprüfung und Lieferantenbewertung in Grenzen halten. Dasselbe gilt für Dienstleistungen: Wenn ein externer Dienstleister das Unternehmen vertritt und repräsentiert, dann sollte er sehr sorgfältig ausgewählt und gut qualifiziert sein.

Die meisten Verfahren unterscheiden die Erstauswahl eines Lieferanten von der laufenden Bewertung. Bei der Erstauswahl können folgende Kriterien wichtig sein:

- Größe des Unternehmens, Unternehmensgeschichte
- Liquidität (Schufa-Auskunft)
- Registereintrag (Handelsregister, Handwerksrolle ...)
- Entfernung
- Zugehörigkeit zur EU
- Produktspektrum, Leistungsspektrum
- Erfahrungen von Partnerunternehmen, Referenzen
- Vorhandene/zertifizierte Managementsysteme
- Musterlieferungen
- Lieferantenaudit

Bei der laufenden Bewertung liegt das Augenmerk meistens auf:

- Lieferfähigkeit
- Pünktlichkeit
- Qualität der Produkte
- Serviceleistungen
- Kulanz, Garantie- und Reklamationsabwicklung

▶ Die Bewertungskriterien können unterschiedlich gewichtet werden. Außerdem werden sich die Kriterien von Lieferant zu Lieferant unterscheiden, je nach Produkt oder Leistung.

Zum Beurteilen der bestehenden Lieferanten kann in der Regel auf umfangreicheres Datenmaterial zurückgegriffen werden. Lieferbeanstandungen werden in den meisten Unternehmen zumindest auf dem Lieferschein vermerkt und können ausgewertet werden.

Aus der Praxis: David gegen Goliath

Ein kleines Systemhaus für Sicherheitstechnik und Elektroakustik ist Systemlieferant, das heißt, dieses Haus hat lediglich die Produkte eines großen deutschen Elektronikherstellers im Angebot. Gleichzeitig bedeutet es für dieses Unternehmen, dass es auf seinen Systemanbieter angewiesen ist.

Es gab lange Jahre Probleme mit der Belieferung des Systemhauses. Die Bestellungen wurden vom Hersteller verzögert oder in vielen kleinen Teillieferungen angeliefert. Zahlreiche telefonische Beschwerden beim Systemanbieter zeigten keinerlei Wirkung, bis das Systemhaus schließlich resignierte.

Im Rahmen des Aufbaus eines QM-Systems wurde die Situation erneut durchleuchtet. Die Belieferung war qualitativ nicht gut und der Lieferant wurde im Rahmen der Lieferantenbewertung als schlecht eingestuft. Was tun? Es wurde erstmals eine schriftliche Beschwerde mit der Lieferantenbewertung an den Systemanbieter gerichtet. Irgendwie schien diese schriftliche Beschwerde einen anderen Weg gegangen zu sein als die zahllosen telefonischen Beschwerden: Es tat sich etwas. Die Lieferungen erfolgten deutlich pünktlicher und die Teillieferungen unterblieben. Die Kommissionierung funktionierte dadurch beim Systemhaus wesentlich reibungsloser. Die Qualität der Leistungen und die Pünktlichkeit konnten wesentlich verbessert werden.

Nach dem Bewerten können die Lieferanten in verschiedene Kategorien eingeteilt werden, zum Beispiel in A-, B- und C-Lieferanten.

Für sehr kleine Unternehmen mit nur wenigen Lieferanten eignet sich eine ergänzte Lieferantenliste als Nachweis für eine erfolgte Bewertung. Dazu wird zu jedem Lieferanten vermerkt, warum bzw. in welchen Fällen bei diesem Lieferanten bestellt werden soll: Ist dieser Lieferant besonders schnell, der andere Lieferant aber günstiger und zuverlässiger? Wenn diese Liste regelmäßig überarbeitet wird, kann auch dies als „Lieferantenbewertung" gelten.

▶   **Irrtum Nr. 6: Alle Lieferanten müssen bewertet werden**
    Die Norm unterscheidet sehr genau qualitätsrelevante von nicht qualitätsrelevanten Lieferanten. Die Norm fordert sogar an mehreren Stellen, den Aufwand bezüglich der Beschaffung und der Lieferantenbewertung zu überdenken. Der Aufwand sollte abhängig von der

Qualitätsrelevanz der Produkte sein. Je mehr Einfluss ein Produkt als Zukaufteil auf das Endprodukt hat, desto höher sollte der Aufwand bezüglich Lieferantenauswahl, Qualitätsanforderungen und Wareneingangskontrolle sein.

Nicht unmittelbar qualitätsrelevant sind z. B. Lieferanten für Büromaterial oder Reinigungsdienstleister in der Verwaltung. Dagegen werden andere qualitätsrelevante Lieferanten oft vergessen. Meist sind dies „Lieferanten", die Dienstleistungen liefern, wie z. B. Speditionen, IT-Anbieter oder Ersteller für technische Dokumentation.

8.4.2   Bekomme ich, was ich bestellt habe?

Normabschnitt 8.4.2 Art und Umfang der Steuerung

Was will die Norm erreichen?
Eingekaufte Produkte und Leistungen werden geprüft, bevor sie verwendet werden.

Was meint die Norm genau?
Auch wenn die Lieferanten sorgfältig ausgewählt werden, müssen die angelieferten Produkte geprüft werden. Auch ausgelagerte Prozesse müssen gesteuert werden. Diese Steuerung muss den Lieferanten selbst als auch seine Produkte oder Leistungen im Griff haben.

Bei diesen Steuerungsmaßnahmen ist die Qualitätsrelevanz der zugekauften Produkte oder Leistungen zu berücksichtigen sowie die Steuerungsmaßnahmen, die der Lieferant selbst ergreift: Sprich: hat der Lieferant die Qualität gut im Griff, muss nicht so stark von außen eingegriffen werden.

Eine wesentliche Steuerungsmaßnahme, die zu ergreifen ist, ist die Wareneingangsprüfung (oder eine entsprechende Prüfung bei Fremdleistungen).

Wie kann die praktische Umsetzung erfolgen?
In jedem Unternehmen findet zumindest die klassische Wareneingangsprüfung statt. Es werden bei Lieferungen die Menge, die Richtigkeit und offensichtliche Beschädigungen geprüft. Das Prüfungsergebnis wird meistens auf dem Lieferschein vermerkt. Unternehmen müssen diese Prüfung unverzüglich durchführen, Endverbraucher haben etwas mehr Zeit.

Bei komplexeren qualitätsrelevanten Produkten ist eine zusätzliche technische Prüfung sinnvoll. Dies sollte für die einzelnen Produkte individuell festgelegt werden. Je wichtiger das zugekaufte Produkt für die Qualität ist, desto aufwendiger ist die technische Prüfung.

Aus der Praxis: Geld gespart?

Die Kunststoffverarbeitungsbranche ist in den letzten Jahren unter einem immensen Preisdruck. Ein Unternehmen versuchte über den Rohstoffeinkauf Geld zu sparen. Also wurde beim Einkauf von Kunststoffgranulat zu einem günstigeren Lieferanten gewechselt. Das ging auch einige Wochen gut, bis der Lieferant eine Kleinigkeit an der Zusammensetzung des Kunststoffs änderte. Weil diese Änderung nur eine kleine war, fiel diese Änderung keinem der Mitarbeiter in der Warenannahme auf. Auch die Verarbeitung des Materials unterschied sich nicht von der sonstigen.

Wochen später meldete sich ein Kunde, der sicherheitsrelevante Teile verarbeitet. Die Kunststoffteile, die aus besagtem Material gefertigt waren, sind mehrfach gebrochen. Es musste eine Rückrufaktion größeren Ausmaßes durchgeführt werden. Der entstandene Schaden belief sich auf einige Hunderttausend Euro.

Bei zugekauften Leistungen sind nicht immer Prüfungen vor der Leistung möglich, sondern erst hinterher. Zum Beispiel kann bei einem Seminar die Leistung des neuen Trainers erst nach der Schulung geprüft werden. Hier kommt der vorherigen Auswahl des Trainers eine besondere Bedeutung zu. Dennoch sollte die Schulung geprüft und im Nachgang bewertet werden, um für spätere Schulungen zu lernen und diese weiter zu verbessern. Meist werden Dienstleister laufend überwacht und bei einer Verschlechterung der Leistung das Gespräch gesucht und Konsequenzen ergriffen.

8.4.3   Was muss ein Lieferant von uns wissen?

Normabschnitt 8.4.3 Informationen für externe Anbieter

Was will die Norm erreichen?
Die Anforderungen an Lieferanten sind stets angemessen.

Was meint die Norm genau?

Im Kapitel „Informationen für externe Anbieter" geht es einerseits um die Anforderungen an die Produkte, andererseits um die Anforderungen an die Lieferanten und die Zusammenarbeit mit diesen. Hier werden die möglichen Anforderungen an einen Anbieter aufgelistet:

* Anforderungen an Produkte, Leistungen oder Prozesse
* Anforderungen an Freigabeverfahren für Produkte und Leistungen, Produktionsverfahren, -methoden, -ausrüstungen
* Anforderungen an die Personalqualifikation
* Anforderungen an die Zusammenarbeit

Dem Lieferanten müssen diese Anforderungen mitgeteilt werden, denn nur so kann er sie auch erfüllen. Außerdem muss der Lieferant wissen, welche Steuerungsmaßnahmen auf ihn angewendet werden, also, nach welchen Kriterien er beurteilt wird oder ob der Kunde vielleicht einmal zu einem Audit vorbeikommen möchte.

Wie kann die praktische Umsetzung erfolgen?

Je wichtiger der eingekaufte Rohstoff für die Qualität der eigenen Produkte ist, desto höhere Anforderungen müssen an die eingekauften Rohstoffe, deren Herstellung und deren Lieferanten gestellt werden. Neben Rohstoffen können auch Leistungen zugekauft werden, wie z. B. Reinigungsleistungen oder Tätigkeiten freie Mitarbeiter.

Diese Anforderungen können die eigentlichen Rohwaren betreffen (Sorte, Klasse), aber auch deren Herstellung (z. B. Verzicht auf bestimmte Gefahrstoffe, Behandlungsmethoden, Verpackung oder technische Verfahren), die Personalqualifikation (vor allem bei Dienstleistern) oder die Forderung von Zertifikaten, wie zum Beispiel die Zertifizierung nach DIN EN ISO 9001 oder nach anderen Normen.

Die Anforderungen an die einzukaufenden Rohstoffe werden in der Regel bereits bei der Entwicklung des Produktes festgelegt und sind Teil des Entwicklungsergebnisses. Auch hier können wieder zuzukaufende Standardprodukte von Sonderprodukten unterschieden werden. Standardprodukte und die meisten Rohstoffe sind durch eine Artikelnummer oder eindeutige Bezeichnung ausreichend beschrieben. Produkte und Waren, die der Lieferant exklusiv für das Unternehmen produziert, brauchen detailliertere Angaben bis hin zum Lastenheft oder eine Zeichnung.

Alle generell wichtigen Anforderungen sollten vertraglich festgelegt werden. Solche Anforderungen können in Einkaufsrichtlinien des Unternehmens enthalten sein, in speziellen QSV (Qualitätssicherungsvereinbarung) zwischen Unternehmen und Lieferant oder in den AGB (Allgemeine Geschäftsbedingungen) des

Lieferanten. Daher sollte jeder Bestellvorgang genau auf die vertraglichen Bedingungen hin geprüft werden. Es ist sicher sinnvoll, eine solche Prüfung in einem Einkaufsprozess festzulegen.

Aus der Praxis: Mehr Leistung für lau?

In den vergangenen Jahren hat sich die Situation für die QS-Abteilungen vieler Unternehmen verschärft: Es wird von den Kunden immer mehr an Begleitdokumentation gefordert. Bei jeder kleinen Reklamation ist ein 8D-Report schon Standard, des Weiteren wird eine Ursachenanalyse nach Ishikawa, 5 Whys oder Baumdiagramm gefordert, neben einer C_{pk}-Wert-Bestimmung oder einer FMEA. Oft wird dabei gar nicht darüber nachgedacht, ob dieser Aufwand für diese Reklamation überhaupt gerechtfertigt ist. Es werden also die wichtigen von den unwichtigen Reklamationen oft gar nicht unterschieden, sondern pauschal eine bestimmte Aufarbeitung verlangt.

Der Arbeitsaufwand für die QS-Abteilung des Lieferanten hat sich jedoch dadurch vervielfacht. Es muss klar sein, dass der Lieferant die entstandenen Mehrkosten langfristig auf die Produktpreise aufschlagen wird.

8.5 Richtig Produzieren und Dienstleisten – Wie gelingt das?

Normabschnitt 8.5 Produktion und Dienstleistungserbringung

8.5.1 Wie entstehen unsere Produkte?

Normabschnitt 8.5.1 Steuerung der Produktion und der Dienstleistungserbringung

Was will die Norm erreichen?
Gute Produkte und Leistungen entstehen nicht zufällig, sondern aufgrund einer gut gesteuerten Produktion oder Leistungserbringung.

Was meint die Norm genau?
Der wesentlichste Teil der Wertschöpfung ist die Produktion oder die Leistungserbringung an sich. Die Produktion oder Leistungserbringung muss so gesteuert

werden, dass immer das Ergebnis erreicht wird, das beabsichtigt wurde. Man spricht dann von „beherrschten Bedingungen". Aufgabe der Unternehmensleitung ist es, diese beherrschten Bedingungen herzustellen. Dies kann gewährleistet werden durch geeignete:

- Produkt- und Leistungsbeschreibungen (Beschreibungen, Fotos, Muster, Zeichnungen, Stücklisten etc.)
- Arbeitsanweisungen (Anleitungen, Leitfäden, Hinweise, Fertigungsauftrag etc.)
- Prüfmittel und Prüfanweisungen
- Ausrüstung (Maschinen, Werkzeuge, Software etc.)
- Arbeitsumgebung
- Personalqualifikation
- Prozessvalidierung bei speziellen Prozessen (siehe unten)
- Maßnahmen zur Fehlervermeidung
- Weitere Festlegungen, die die Tätigkeiten bezüglich Verpackung, Versand, Auslieferung, Garantieabwicklung, Reparaturen und Serviceangeboten regeln

Wenn das Endprodukt nicht so geprüft werden kann, dass relevante Fehler vor Auslieferung entdeckt werden können, muss der Herstellungsprozess für ein solches Produkt validiert werden. Validieren bedeutet in diesem Fall das Austesten eines Herstellungsverfahrens, ob es dazu geeignet ist, gute Produkte herzustellen. Wird beispielsweise ein Produkt zusammengeklebt, so muss vorher getestet werden, welche Vorbereitung der Klebestelle notwendig ist, welcher Kleber verwendet werden kann und wie lange die Trocknungszeiten sind, um ein zufriedenstellendes Ergebnis zu erhalten. Die Klebestelle soll einer gewissen Belastung standhalten, damit das Produkt für den Gebrauch geeignet ist.

Wie kann die praktische Umsetzung erfolgen?
Es müssen also die entsprechenden Tätigkeiten und Unterlagen festgelegt werden, die zur Arbeitsdurchführung benötigt werden. In der Regel wird diese Festlegungen in einer Prozessbeschreibung oder in detaillierten Verfahrens- oder Arbeitsanweisungen dokumentiert.

Es können auch Artikelstammdaten der unternehmenseigenen Software zur Produktionssteuerung im Sinne der Norm genutzt werden. Daten zur Fertigungssteuerung werden in die Fertigungsaufträge der ERP- oder PPS-Software einprogrammiert.

Das Unternehmen steht in der Pflicht, dem Prozess bzw. Mitarbeiter die Informationen und Mittel zur Verfügung zu stellen, die zur qualitätsgerechten Arbeitsdurchführung erforderlich sind.

Aus der Praxis: Kleiner Fehler – große Wirkung

Ein Bauteilehersteller produzierte Kunststoffteile für den Außenbereich. In diesem speziellen Fall ging es um Dachrinnen. Die Rezeptur für die Rohstoffzusammensetzung war vorgegeben. Leider war eine der Komponenten, der UV-Schutz, ausgegangen und bei den Lieferanten nicht verfügbar. Da die Teile jedoch dringend benötigt wurden, wurde auf die fehlende Komponente verzichtet.

Ein großer Fehler, wie sich im Nachhinein herausstellte: Die Dachrinnen ohne UV-Schutz waren brüchig und mussten nach bereits einem Jahr ausgetauscht werden. Die immensen Kosten musste natürlich der Bauteilehersteller tragen.

Daher ist jede Anweisung nur sinnvoll, wenn sie auch eingehalten wird.

Bei speziellen Prozessen, deren Produkte nicht endgeprüft werden können, muss eine Validierung stattfinden. Solche Prozesse sind auch viele Dienstleistungen, wie zum Beispiel das Haareschneiden: Wenn die Haare ab sind, das Ergebnis den Kunden aber nicht zufriedenstellt, dann kann das Haar nicht wieder drangeklebt werden. Der Fehler ist nicht korrigierbar, das „Produkt ist geliefert".

Beispiele für Prozesse, die validiert werden müssen:

- Verbindungstechniken, wie Schweißen, Löten, Crimpen, Kleben
- Zugfestigkeit, Reisfestigkeit, Belastbarkeit
- Sterilität
- Vakuum
- Entflammbarkeit
- Stabilität, Alterung, Lackhaftung, Haltbarkeit
- Personennahe Dienstleistungen oder „Echtzeit"-Dienstleistungen

Wenn immer wieder Validierungen gefordert sind, lohnt es sich, ein eigenes Verfahren zu festzulegen.

8.5.2   Vorsicht Verwechslungsgefahr

Normabschnitt 8.5.2 Kennzeichnung und Rückverfolgbarkeit

Was will die Norm erreichen?
Es dürfen keine Produkte verwechselt werden, daher werden die Produkte eindeutig gekennzeichnet.

Was meint die Norm genau?

Die Produkte müssen überall so gekennzeichnet sein, dass Verwechslungen zwischen geprüften und ungeprüften Produkten oder zwischen bearbeiteten und unbearbeiteten Produkten sowie zwischen den verschiedenen Produkten ausgeschlossen sind.

Die Norm selbst fordert keine grundsätzliche Rückverfolgbarkeit. Diese muss aber gewährleistet sein, wenn der Kunde oder der Gesetzgeber eine Rückverfolgbarkeit fordert. Oder wenn sie aufgrund von produktbezogenen Sicherheitsrisiken und entsprechend drohenden Haftungsansprüchen für das Unternehmen sinnvoll ist. Dann muss auch eine entsprechende Dokumentation vorhanden sein, mit deren Hilfe die Produkte rück verfolgbar sind.

Wie kann die praktische Umsetzung erfolgen?

Wie diese Kennzeichnung erfolgt, ist freigestellt. Sie kann direkt auf den Produkten oder deren Behältnis erfolgen, oder alternativ in den Begleitpapieren oder der EDV. Man sieht dem Produkt oder der Leistung nicht an, ob sie geprüft wurden. Daher muss die Kennzeichnung so erfolgen, dass dies möglichst einfach und zuverlässig nachvollziehbar ist.

Die Rückverfolgbarkeit kann sich auch auf Produkt- oder Produktionschargen beziehen. Über eine Programmierung der Software, die die Zuordnung von Rohstoffen auf die Fertigungsaufträge ermöglicht, lässt sich die Rückverfolgbarkeit in einem Produktionsunternehmen umsetzen. Bei Dienstleistern ist oft eine Rückverfolgung auf Mitarbeiter sinnvoll, der die jeweilige Leistung erbracht hat. Hier sind jedoch die Bestimmungen des Datenschutzes und des Betriebsverfassungsgesetzes zu beachten.

Rückverfolgbarkeit wird z. B. bei Lebensmitteln (QS-Siegel), bei Medizinprodukten, im Automotive-Bereich und in der Pharmabranche verlangt.

Aus der Praxis: Kunststoffteile auf großer Fahrt

Ein Kunststoffbearbeiter fertigt Teile für die Automobilindustrie. Der große Kunde versorgt über den Lieferanten seine Werke weltweit.

Die Mitarbeiter an den Maschinen haben die Aufgabe, für jeden Auftrag im Büro die notwendigen Etiketten zu besorgen, die Teile nach Vorschrift zu verpacken und die Verpackung mit dem richtigen Etikett zu kennzeichnen. Nun ist der Weg ins Büro weit, sehr weit, bestimmt 30 m. Ein Mitarbeiter holte sich daher Etiketten für zwei Aufträge: für den laufenden Auftrag und den Folgeauftrag. Irgendwie rutschte ein Etikett des Folgeauftrags in die anderen hinein.

Es wurde also das falsche Etikett geklebt. Da sich die Teile sehr ähnlich sind, wurde der Irrtum nicht bemerkt und die Kiste gelangte durch die Endkontrolle. So gelangten die falschen Teile nach Brasilien. Glück im Unglück: Die Teile konnten vom Kunden auch verbaut werden und mussten deshalb nicht mehr zurückgeholt werden. Allerdings musste eine Nachlieferung der richtigen Teile per Flugzeug erfolgen, was für das Unternehmen nicht ganz billig war.

8.5.3 Auf Kundeneigentum aufpassen

Normabschnitt 8.5.3 Eigentum der Kunden oder der externen Anbieter

Was will die Norm erreichen?
Das Eigentum Dritter wird stets geschützt, Schäden und Verluste werden dem Eigentümer mitgeteilt.

Was meint die Norm genau?
In manchen Fällen werden Leistungen am Eigentum der Kunden erbracht (z. B. eine Reparatur am kundeneigenen Gerät). In anderen Fällen stellt der Lieferant Geräte oder Material zur Verfügung. Das Normkapitel „Eigentum" regelt, wie mit dem Eigentum von Kunden und von Lieferanten oder Dienstleistern umzugehen ist.

In jedem Fall ist die Verwechslung, die Beschädigung oder der Verlust des Fremdeigentums zu vermeiden. Ist es dennoch geschehen, ist der Eigentümer sofort darüber zu informieren und es müssen entsprechende Aufzeichnungen geführt werden.

Diese Regelungen betreffen nicht nur das greifbare Fremdeigentum, sondern auch virtuelle Daten, wie Zeichnungen, Stücklisten, Rezepturen und andere technische oder organisatorische Daten von Dritten.

Wie kann die praktische Umsetzung erfolgen?
Kundeneigentum könnte sein:

- Pläne, Zeichnungen, Stücklisten, Anweisungen etc.
- Prüfmittel, Muster, Vorrichtungen
- Rohstoffe oder Halbfertigware

- Verpackungen
- Maschinen, Gebäude etc., an denen eine Dienstleistung oder handwerkliche Tätigkeit geschieht

Eigentum von Lieferanten könnte sein:

- Verpackungen
- Maschinen und Gebäude
- Muster
- Know-how, technische Daten

In beiden Fällen kann es sich um Personendaten handeln, die dem Datenschutzgesetz unterliegen.

Mit entsprechenden „Begleitdokumenten" kann das Fremdeigentum durch das Unternehmen „begleitet" werden. Beigestellte Produkte, die in die Produkte verbaut werden, werden wie andere Zukaufteile beim Wareneingang geprüft, sicher gelagert und schließlich verbaut.

Das geistige Eigentum von Dritten und personenbezogene Daten sind besonders zu schützen. Die Aufbewahrung von Papieren in verschlossenen Schränken sowie das Sichern von Daten vor Fremdzugriff mithilfe einer Firewall und anderen Maßnahmen sollten selbstverständlich sein. Der interne Zugriff der Mitarbeiter auf die Kundendaten sollte eingeschränkt sein und bestimmten datenschutzrechtlichen Bestimmungen unterliegen.

8.5.4   Verluste vermeiden

Normabschnitt 8.5.4 Erhaltung

Was will die Norm erreichen?
Die Qualität des Produktes wird geschützt, bis das Produkt beim Kunden angekommen ist.

Was meint die Norm genau?
Ein weiteres Thema in Verbindung mit der Produktion ist die Produkterhaltung. Dienstleister betrifft dieses Kapitel in der Regel nicht, außer sie gehen mit Daten ihres Kunden um.

Zur Produkterhaltung gehören die Phasen zwischen einzelnen Produktions-
schritten und nach der Produktion, in denen die Produkte transportiert oder gelagert werden und dabei Schaden nehmen könnten. In der Anmerkung werden der
Schutz vor Verschmutzung, die Verpackung, Lagerung, der Transport, aber auch
die Übertragung von Daten genannt. Hierzu sollen entsprechende Regelungen
festgelegt werden, um Schäden zu vermeiden und die Qualität der Produkte zu
erhalten, bis sie in das Eigentum des Kunden übergehen oder bis sie verwendet
werden.

Wie kann die praktische Umsetzung erfolgen?
Bei der Handhabung spielt die Empfindlichkeit der Produkte eine Rolle. Manche
Produkte dürfen beispielsweise nur mit Handschuhen angefasst werden, da keine
Fingerabdrücke bleiben dürfen. In der Produktion von elektronischen Bauele-
menten spielt die elektrische Aufladung (Electrostatic Discharge, kurz ESD) eine
Rolle, daher gibt es eigene ESD-Vorschriften.

Für einige Produkte gibt es spezifische Lagerbedingungen, wie z. B. für
Lebensmittel oder bestimmte Werkstoffe. Außerdem gibt es gesetzliche Rege-
lungen, die hier greifen können (Lebensmittel, Gefahrstoffe, wassergefährdende
Stoffe, brennbare Stoffe).

Aus der Praxis: Der ewige Kampf gegen den Rost
Das Konservieren der Produkte spielt vor allem bei der Metallbearbeitung eine
Rolle. Rostflecken sind bei vielen Kunden nicht gerne gesehen. Daher wird
hier oft großer Aufwand betrieben: Einölen, Waschen, Phosphatieren – irgendwie müssen die Produkte vor Wasser geschützt werden.

Das ging sogar so weit, dass ein Unternehmen einen Unterstand für die
Verladung von Teilen gebaut hat, weil immer wieder Regen die Teile genässt
und dies des Öfteren zu Rostbildung geführt hatte. Damit hatten jedoch die
Reklamationen ein Ende und die Investition hat sich zumindest für den sonst
tadellosen Ruf des Unternehmens gelohnt.

Manchmal ist mit dem Kunden vertraglich vereinbart, wie die Produkte zu verpacken und zu versenden sind. Bei bestimmten Versandarten (Schiff, Luftfracht)
müssen bestimmte Verpackungsvorschriften der Transporteure beachtet werden.

Oft wird beim Versand auf Dienstleister zurückgegriffen (Speditionen, Logis-
tikunternehmen, Paketdienste), die dann wie Lieferanten behandelt werden
können. Hier sind die Beladung und die Ladungssicherung ein zu beachtendes
Thema. Bei Gefahrgut gibt es eine Fülle von Vorschriften, die einzuhalten sind.

Daten können bei der Übertragung verloren gehen oder sie können in die Hände Dritter gelangen. Hier sollte, je nach Sensibilität der Daten, entsprechende Vorsorge getroffen werden. Zum Beispiel kann man Emails relativ unkompliziert verschlüsseln, sodass Daten auch per Email sicher verschickt werden können.

8.5.5   Wie kommt der Kunde mit dem Produkt klar?

Normabschnitt 8.5.5 Tätigkeiten nach der Lieferung

Was will die Norm erreichen?
Mit der Auslieferung oder der Leistungserbringung endet nicht die Verantwortung für das Produkt oder die Leistung. Der Kunde muss das Gekaufte auch nutzen können.

Was meint die Norm genau?
Wenn es Anforderungen an einen Service nach der eigentlichen Auslieferung oder Leistungserbringung gibt, dann müssen auch diese Anforderungen aufgegriffen und erfüllt werden.
Diese Anforderungen können bedingt sein durch:

- gesetzliche Anforderungen
- mögliche unerwünschte Folgen (Fehlanwendung, Nebenwirkungen, Gefahren,…)
- die Natur des Produkts oder der Leistung, dessen Nutzung und dessen Lebensdauer
- die tatsächlichen Kundenanforderungen
- die Kundenrückmeldungen

Diese Anforderungen können beispielsweise folgende Tätigkeiten umfassen:

- Gewährleistung (Reparatur, Umtausch, Rücknahme)
- Instandhaltung
- Wiederverwertung und Entsorgung

Wie kann die praktische Umsetzung erfolgen?

Grundsätzlich soll der Kunde an dem Produkt, das er gekauft hat, lange Freude haben. Wenn es eine Maschine oder Anlage ist, dann soll diese Maschine möglichst lange funktionieren. Oft gibt es regelmäßige Wartungs- und Überwachungspflichten (Hebeanlagen, Kompressoren). Das muss der Kunde wissen. Wenn das Unternehmen dem Kunden dann auch noch hilft, diese Pflichten zu erfüllen, ist der Kundenservice perfekt. Diese Hilfe kann z. B. in Form einer entsprechenden Beschreibung erfolgen oder durch das Angebot einer Wartungsdienstleistung.

Bei „normalen" Produkten muss die richtige Verwendung und Anwendung gewährleistet sein. Rufen immer wieder Kunden an, weil sie mit dem Produkt nicht zurechtkommen, dann ist es sicher sinnvoll, eine entsprechende Anleitung beizulegen. Dabei kann die Anleitung mit den Rückmeldungen der Kunden immer weiter perfektioniert werden.

Aus der Praxis: Gebrauchsanweisung für eine Luftmatratze

„Irgendswo Können Sie Gemütliches Schlafen Geniessen.

Die Inflation: Drehen das Messing Ventil zu offener Position. Die Puff Unterlage wird sich puffen. Um eine zusätzlich feste unterlage zu haben, braucht man die Luft darin mehrer zu ablassen. Wenn die Luft reichbar, dann drehen das Ventil zu geschlossener Position.

Die Deflation: Im Zweck auf Tragen order Largen, drehen das Ventil zu offener Positionm und dann rollen die Puff Unterlage auf. Inzwischen drucken die Unterlage langsam bis Luft entleert. Für kleinere Konfiguration ist es nötig die Puff Unterlage noch einmal zu rollen. Wenn die ubrige Luft in der Nähe des Ventil bleibt, dann machen das Ventil auf. Nach der Luft aus, dann schliessen nochmal das Ventil.

Achtung:

Wenn die Puff Unterlage shon lange Zeit gerollt wurde, da bracht man zwei order drei Mals die Luft sie zu puffen und ablassen, dann wird die Unterlage in einer gute Form erhalten.

Wenn das Wetter kalt ist, wird die Puff Unterlage sich langsam puffen. Entrollen die Puff Unterlage und liegen auf ihr, dann wird sie von der Wärme sich Inflationen bekommen.

Wenn die Puff Unterlage etwas Kaputt geht, kann man mit den zusätzlishen Nylon Kleiderstoff und Zement reparieren.

Die Feuchtigkeit immer schadet der Puff Unterlage, so muss man achten, ob die Oberfläche und die Untenfläche trocken ist, bevor zur Einlagerung.".

Dieses System zur Verarbeitung von Kundenrückmeldungen ist bereits in den sicherheitsrelevanten Aspekten Vorschrift. Zur Erstellung der technischen Dokumentation für bestimmte Produkte, die dem Produktsicherheitsgesetz unterliegen (z. B. Maschinen und Anlagen, elektrische Geräte, Spielzeug, Medizinprodukte) ist vorgeschrieben, die möglichen Gefahren bei der Anwendung aus dem Kundenfeedback zu ermitteln und die Anwender auf diese Gefahren hinzuweisen.

Was für Produkte zutrifft, kann auch für Dienstleistungen relevant sein. Oft wirkt eine einmalige Leistung nicht nachhaltig. Bei Leistungen sollte das Ziel sein, den Kunden nachhaltig zufrieden zu stellen, und nicht ihn in eine mögliche Abhängigkeit zu bringen. Das gelingt beispielsweise nicht allen Qualitätsmanagement-Beratern: Viele halten ihre Kunden absichtlich in einer gewissen Abhängigkeit, sodass diese genötigt werden, den Berater jährlich zur Hilfe zu holen, um das Zertifikat zu erhalten.

8.5.6   Never change a running system

Normabschnitt 8.5.6 Überwachung von Änderungen

Was will die Norm erreichen?
Änderungen dürfen nicht zu Fehlern führen.

Was meint die Norm genau?
Wenn Änderungen anstehen, müssen diese genau geprüft werden, damit sie nicht zu Fehlern oder Qualitätsproblemen führen.

Diese Prüfungen müssen sogar dokumentiert werden, und zwar.

- die Ergebnisse der Prüfung,
- die Person (en), die die Änderung genehmigt hat (haben),
- die Maßnahmen, die aus der Prüfung hervorgehen.

Wie kann die praktische Umsetzung erfolgen?
In vielen Unternehmen gibt es ein Prüfverfahren für Änderungen an bestehenden Prozessen und Verfahren. In einigen Unternehmen heißt das Prüfverfahren „Change request", also Änderungsanforderungen. Dieses Änderungsverfahren beinhaltet die Vorgehensweise für die

- Prüfung,
- Bewertung,
- Festlegung,
- Dokumentation und
- Kommunikation

von Änderungen im Unternehmen.
Eine Änderungsanforderung kann ein umfangreiches Projekt zur Folge haben.
Die Anforderung kann als Formular folgendes beinhalten:

- Datum und Antragsteller der Änderungsanforderung
- Betroffene Artikelversion
- Beschreibung der Eigenschaft, die geändert werden soll oder der Änderung an sich
- Auslöser oder Begründung für die Änderung
- Beteiligte an der Änderung
- Maßnahmen und Aufgaben bezüglich der Änderung oder Projektplan
- ggf. eine Risikoanalyse bezüglich der Änderung
- Kostenschätzung und Zeitaufwand für die geforderte Änderung
- Datum der gewünschten Umsetzung

Bei regelmäßigen umfangreichen Änderungen kann ein komplettes „Change Management System" aufgebaut werden.

8.6   Grünes Licht für gute Ware

Normabschnitt 8.6 Freigabe von Produkten und Dienstleistungen

Was will die Norm erreichen?
Die Qualität der Produkte (oder Leistungen) wird zuverlässig überwacht bzw. gemessen.

Was meint die Norm genau?
Während und nach der Produktion oder Leistungserbringung müssen die Produkte oder Leistungen geprüft werden. Damit soll sichergestellt werden, dass alle Tätigkeiten wie geplant durchgeführt wurden und das Produkt oder die Leistung jede Eigenschaft hat, die gefordert wurde.

Wenn diese Prüfungen bestanden wurden, kann eine Freigabe des Produkts oder der Leistung erfolgen. Diese Freigabe dürfen festgelegte Personen aus dem Unternehmen erteilen oder der Kunde, wenn dieser das fordert. Die formelle Freigabe muss dokumentiert werden. Das Prüfungsergebnis und die Person, die die Freigabe erteilt hat, müssen nachvollziehbar sein.

Wie kann die praktische Umsetzung erfolgen?

Besondere Bedeutung kommt der Produktfreigabe nach der Entwicklung und nach der Einrichtung der Fertigung zu. Nach der Entwicklung kann der Kunde oder können interne Stellen an der Produktfreigabe beteiligt sein.

Besonderen Regeln unterliegen auch die sogenannten Erstmusterprüfungen. Wenn erstmals ein Teil unter Serienbedingungen produziert wurde, gibt es einen mehrstufigen internen Prüfungs- und Freigabeprozess sowie die formelle Freigabe durch den Kunden. Die Übereinstimmung der Kundenvorgaben, vor allem der Maße, wird nach einer vollumfänglichen Prüfung in einem Erstmusterprüfbericht bestätigt. Für die Erstmusterprüfung gibt es in der Automobilindustrie eigene Richtlinien (z. B. PPAP oder PPF).

Wann, durch wen und wie die Produkte während der Serienproduktion gemessen werden, wird in der Prüfplanung festgelegt. Die Planung der Prüfungen findet am Ende der Produktentwicklung statt, wenn die Umsetzung (Produktion, Leistungserbringung) geplant wird(siehe Normkapitel 8.1 und 8.3).

In Prüfplänen oder Prüfprotokollen kann festgelegt werden, welche Daten bei der Prüfung festzuhalten sind. Dies sind in der Regel: Produkt, Prüfparameter, Zielgröße mit Toleranzen, Prüfmittel, Prüfer, Ergebnis, Datum und Unterschrift.

Die Prüfungen werden zum Teil von einer eigenen Abteilung durchgeführt (QS-Abteilung) oder vom ausführenden Mitarbeiter selbst (sog. Werkerselbstprüfung). Beide Methoden haben Vor- und Nachteile, die genau abgewogen werden sollten.

Aus der Praxis: Der Werker mit Verantwortung

Ein kleiner Kunststoffhersteller hat einen Mitarbeiter in der Qualitätssicherung, der immer mehr von den Aufgaben in der Fehlerdokumentation in Anspruch genommen wird. Jeder Kunde möchte einen 8D-Report und zusätzliche Fehleranalysen, wie Ishikawa-Diagramme und 5-Why-Analysen. Es wurde nach Möglichkeiten gesucht, diesen Mitarbeiter zu entlasten. Da kam die Idee der Werkerselbstprüfung auf.

In der Vorbereitung wurde ein mobiler Messplatz gebaut. Auf einem Rollwagen mit Stehpult wurden ein Notebook montiert und Messschieber bereitgelegt. Die Mitarbeiter wurden zusammengerufen und in der Messung und der Bedienung des Notebooks unterwiesen. In der Anfangszeit stand der Fertigungsleiter zur Seite und unterstützte die Mitarbeiter bei der Eingabe der Daten.

Bei den meisten Mitarbeitern kam die Neuerung gut an. Die Tätigkeit an ihrem Arbeitsplatz, die bisher aus der Sichtkontrolle und Verpackung der Teile bestand, wurde aufgewertet, denn sie bekamen mehr Verantwortung für „ihre" Teile und eine interessante zusätzliche Tätigkeit an einem Computer.

Inzwischen ist das System der Werkerselbstprüfung in diesem Unternehmen längst etabliert und nicht mehr wegzudenken. Das System hat sich bewährt. Es führte insgesamt zu mehr Eigenverantwortung und letztlich zu einer geringeren Fehlerquote.

Die Freigabe der Produkte vor der Auslieferung erfolgt bei vielen Unternehmen durch die QS (Qualitätssicherung) oder den Versand in einer formellen Prüfung. Die Dokumentation erfolgt oft in der EDV im ERP-System, wobei der Prüfer per Log-in nachvollziehbar ist.

Der Kunde kann aber auch eine Einzel-Freigabe jeder Lieferung fordern. Das geschieht vor allem dann, wenn es keine Serienfreigabe gibt oder die Produktchargen stark voneinander abweichen. In diesem Fall wird für jede Charge vorab ein Muster an den Kunden geschickt, anhand dem der Kunde die einzelne Lieferung freigibt. In der Lebensmittelbranche findet die Bemusterung in der Regel vor der Entladung beim Kunden statt.

8.7   Fehler wieder ausbügeln

Normabschnitt 8.7 Steuerung nichtkonformer Ergebnisse

Was will die Norm erreichen?
Fehlerhafte Produkte werden nicht mit guten Produkten verwechselt und werden nicht ausgeliefert; fehlerhafte Leistungen werden vermieden.

Was meint die Norm genau?
Der Sinn der Forderungen des Normkapitels 8.3 ist es, dass fehlerhafte Produkte so aus dem Verkehr gezogen werden, dass sie nicht mit guten Produkten verwechselt werden und so versehentlich zum Kunden gelangen können. Fehlerhafte Leistungen sollen vermieden werden oder rechtzeitig erkannt werden.

Es müssen außerdem geeignete Regelungen erstellt werden, wie mit fehlerhaften Produkten und Leistungen umgegangen wird. Auch für den Fall, wenn die Produkte bereits beim Kunden sind oder die Leistungen bereits erbracht worden sind.

Bei Produkten können diese Regelungen das Kennzeichnen der Produkte, das Unterbringen in einem Sperrlager und die weitere Behandlung dieser Produkte betreffen. Behandlungen für fehlerhafte Produkte können sein:

- Nacharbeit (und erneute Prüfung)
- Aussortieren, Rückgabe und Nachliefern
- Informieren des Kunden (z. B. über Lieferverzug)
- Sonderfreigabe

Bei Leistungen kann die Behandlung bestehen aus:

- Aussetzen der laufenden Leistung
- Nachbessern der bestehenden Leistung
- Informieren des Kunden über Probleme
- Sonderfreigabe

Über fehlerhafte Produkte und Leistungen müssen Dokumente erstellt werden, die den Fehler und die ergriffene Maßnahme sowie erteilte Sonderfreigaben beschreiben. Die Person, die die Entscheidung bezüglich der fehlerhaften Produkte und Leistungen gefällt hat, muss nachvollziehbar sein.

Wie kann die praktische Umsetzung erfolgen?
Es muss auf jeden Fall eine Regelung existieren, wie mit fehlerhaften Produkten und Leistungen grundsätzlich umgegangen wird. Diese Regelung kann in die Beschreibung des Prozesses eingebunden sein oder für die Mitarbeiter in Leitlinien, einer Arbeitsanweisung oder in einem Hinweisschild beschrieben werden.

Bei Produkten werden in diesen Regelungen die Kennzeichnung der fehlerhaften Produkte und der Ort der Lagerung festgelegt. Die fehlerhaften Produkte oder Waren können mit einem Warenanhänger oder einem Sperrband markiert sein, die Lagerung erfolgt oft in einem speziellen Lagerbereich, dem Sperrlager. Wie dies genau umzusetzen ist, legt die Norm nicht fest. Es muss lediglich plausibel sein, sodass keine fehlerhaften Produkte oder Waren in den Produktionskreislauf oder zum Kunden gelangen können. Bei hochwertigen Produkten kann es sinnvoll sein, den Sperrlagerbereich tatsächlich abzusperren, damit keine Produkte abhandenkommen und auf Umwegen auf den Markt gelangen.

Aus der Praxis: Aus Müll wurde Geld

Ein Hersteller für hochwertige Alufelgen wurde plötzlich mit Reklamationen überhäuft: Die Alufelgen seien defekt verkauft worden. Schließlich stellte sich heraus, dass ein Mitarbeiter sich am Schrottcontainer bedient hatte und die fehlerhaften Alufelgen über das Internet verkauft hat. Die Käufer beschwerten sich dann beim Hersteller über die defekten Felgen. Der Hersteller musste zwar nicht für die Felgen haften, befürchtete aber einen Imageschaden.

Daher wurde folgende Maßnahme ergriffen: Die als defekt aus der Produktion aussortierten Felgen wurden mit einem Vorschlaghammer bearbeitet, bevor sie im Container entsorgt wurden. So wurde eine „versehentliche" Weiterverwendung der defekten Felgen für die Zukunft ausgeschlossen.

Da man Leistungen nicht in ein Sperrlager verbringen kann, gibt es hier einen anderen Regelungsbedarf. Bei Dienstleistern ist es wichtig, dass fehlerhafte Leistungen erkannt und dokumentiert werden. Nur so kann im Rahmen einer Validierung (siehe Normkapitel 8.5.1) die Leistung ständig verbessert werden.

Bei Dienstleistungen ist eine Korrektur schwierig, wenn die Leistung direkt am Kunden erbracht wurde, wie z. B. bei Schulungen, Behandlungen oder Beratungen. Hier ist das Kind bereits im Brunnen und kann nicht mehr zurückgeholt werden. In solchen Fällen ist es angebracht, einen „Plan B" in der Tasche zu haben. Das heißt, der Mitarbeiter weis in einem solchen Fall bereits, welche Reaktion gegenüber dem Kunden angemessen ist. Eine angemessene Reaktion kann eine gute Deeskalationsstrategie sein, aber auch das Angebot einer (kostenlosen) Ersatzleistung, eines Preisnachlass, einer Zusatzleistung oder ähnlichem beinhalten.

Wie messen wir unsere Leistung? 9

Zusammenfassung

Wenn ständige Verbesserung das Ziel ist, muss das Unternehmen diese Verbesserung nachvollziehen können. Das ist durch einen Vorher-Nachher-Vergleich möglich. Wenn sich Messgrößen positiv verändern, ist der Beweis für eine Verbesserung erbracht.

Normabschnitt 9 Bewertung der Leistung

9.1 Was man nicht messen kann, kann man nicht verbessern

Normabschnitt 9.1 Überwachung, Messung, Analyse und Bewertung

9.1.1 Was wird wann und wie gemessen?

Normabschnitt 9.1.1 Allgemeines

Was will die Norm erreichen?
Es wird alles dafür getan, um eine Verbesserung von Produkten und Leistungen, von Prozessen und vom gesamten Qualitätsmanagementsystem zu erreichen.

© Springer Fachmedien Wiesbaden 2016
S. Brugger-Gebhardt, *Die DIN EN ISO 9001:2015 verstehen*,
DOI 10.1007/978-3-658-14495-1_9

Was meint die Norm genau?

Hier wird gefordert, dass das Unternehmen Daten überwachen und analysieren muss, um die Leistungsfähigkeit und den Erfolg des gesamten Qualitätsmanagementsystems zu bewerten. Dabei muss das Unternehmen selbst festlegen,

- was,
- wie und
- wann

überwacht, gemessen, analysiert und bewertet wird.

Diese Tätigkeiten müssen entsprechend nachgewiesen werden, indem die Ergebnisse der Messungen und Analysen aufbewahrt werden.

Wie kann die praktische Umsetzung erfolgen?

Das Unternehmen muss überlegen, welche Verfahren und Methoden zur Erfassung von Messdaten und zu deren Auswertung angewendet werden sollen. Das Unternehmen entscheidet, welche Methoden im Unternehmen sinnvoll umgesetzt und genutzt werden können. Detailliertere Anforderungen an bestimmte Messungen und Auswertungen sind im gesamten Normkapitel 9 beschrieben.

Es müssen also Regeln aufgestellt werden, die auch die anderen Forderungen aus dem Normkapitel 9 berücksichtigen. Außerdem müssen die Messergebnisse und die Auswertungen nachvollziehbar aufgezeichnet werden. Diese Ergebnisse sind ja wichtig für die Beurteilung der Effektivität und Effizienz der Prozesse und letztlich des gesamten Qualitätsmanagementsystem.

9.1.2   Zufriedene Kunden messen

Normabschnitt 9.1.2 Kundenzufriedenheit

Was will die Norm erreichen?

Das oberste Ziel des Qualitätsmanagementsystems ist der zufriedene Kunde. Damit das Unternehmen beurteilen kann, ob dieses Ziel erreicht worden ist, wird die Kundenzufriedenheit möglichst objektiv ermittelt.

Was meint die Norm genau?

Wegen der gesamten Kundenorientierung des Qualitätsmanagements ist das Überwachen der Kundenzufriedenheit besonders wichtig. Dabei ist die Sichtweise des Kunden entscheidend: Wie hat der Kunde das Produkt bzw. die Leistung und dessen Qualität wahrgenommen? Hat er überhaupt alle Vorteile erkannt? Hat er das Produkt richtig angewendet?

Die Methoden zum Ermitteln der Kundenzufriedenheit sind ähnlich den Methoden zum Ermitteln der Kundenanforderungen an die Produkte oder Leistungen (siehe Normkapitel. 5.1.2):

- Befragung (schriftlich, telefonisch, Internet)
- Rückmeldungen von Kunden (Lob, Kritik, Reklamationen)
- Rückläufer, Rückfragen
- Kundengespräche aller Art
- Erfolg der Produkte und Leistungen
- Rückmeldungen der Händler, des Außendienstes oder Kundenservices
- Marktanalysen und Benchmarking

Das Unternehmen muss die Methoden zur Datensammlung und zur Datenauswertung festlegen.

Wie kann die praktische Umsetzung erfolgen?

Die meisten Unternehmen ermitteln bereits finanzielle Kennzahlen im Controlling. Diese können in der Regel sehr gut mit Qualitätskennzahlen ergänzt werden.

Es genügt übrigens nicht, nur die Kundenreklamationen zu analysieren. Da sich nicht alle unzufriedenen Kunden beschweren bzw. sich die zufriedenen Kunden in der Regel nicht melden, hat man keine objektive „Unzufriedenheitsquote". Allerdings kann die Entwicklung der Kundenbeschwerden über die Jahre Trends offenbaren und als ergänzende Kennzahl verwendet werden. Steigen die Beschwerden beispielsweise massiv an, kann daraus auf eine schlechtere Qualität oder gestiegene Kundenanforderungen geschlossen werden.

Geeignetere Kennzahlen für die Kundenzufriedenheit ergeben sich aus:

- Kundenbefragungen
- Umsatzentwicklung der einzelnen Produkte/Leistungen oder des gesamten Unternehmens
- Gewinnung Neukunden/Entwicklung Stammkunden/Kundenverluste/Wiederkäufe
- Entwicklung der Reklamationen

Natürlich sollten diese messbaren (quantitativen) Daten durch qualitative Daten ergänzt werden. Solche qualitativen Daten sind die einzelnen Rückmeldungen der Kunden zu den Produkten und Leistungen, die Einschätzung der eigenen Mitarbeiter, die Aussagen von Händlern oder Partnern und das Image des Unternehmens am Markt.

▷ **Irrtum Nr. 7: Die Kundenzufriedenheit muss mit Kundenumfragen gemessen werden**

Viele Unternehmen versuchen über eine Kundenbefragung herauszufinden, wie zufrieden ihre Kunden sind. Und viele Unternehmen scheitern damit: Es gibt nur wenig Rücklauf, und die Kunden, die sich melden, sind entweder zufrieden oder versuchen den Preis zu drücken.

Kundenbefragung mit freigestellter Teilnahme ist keine repräsentative Messung der Kundenzufriedenheit. Es nimmt nur ein Teil der Kunden daran teil. Das sind meistens entweder die Kunden, die außerordentlich zufrieden sind, oder die Kunden, die gar nicht zufrieden sind. Die Kunden, die einfach nur zufrieden sind, werden gar nicht berücksichtigt. Also hat eine solche Umfrage allein keine Aussagekraft.

Besser ist es, nur einen kleinen Teil der Kunden zu befragen (z. B. die zehn wichtigsten), diese aber vollständig und ausführlich. Das geht am besten bei einem persönlichen Gespräch durch den Außendienst. Außerdem sollte eine Umfrage immer noch ergänzt werden durch die Produktrückläufer, Reklamationen, Umsatzentwicklung und die Einschätzung der Kundenbetreuer. So kommt das Unternehmen insgesamt zu einem realistischeren Gesamtbild.

9.1.3   Z.D.F. – Zahlen, Daten, Fakten

Normabschnitt 9.1.3 Analyse und Bewertung

Was will die Norm erreichen?
Es werden möglichst viele objektive und aussagekräftige Daten zum Thema „Qualität" zusammengetragen.

Was meint die Norm genau?

Das Kapitel „Analyse und Bewertung" fasst nochmals alle Möglichkeiten zusammen, bei denen eine Auswertung und -analyse von Messdaten sinnvollerweise eingesetzt werden sollte. Sinnvoll ist der Einsatz der Datenanalyse bei den Themen

- zur Messung der Produkte und Leistungen und deren Fehler,
- zur Ermittlung der Kundenzufriedenheit,
- zur Ermittlung der Leistung und des Erfolgs (Effizienz und Effektivität) des Qualitätsmanagementsystems,
- zur Überprüfung der erfolgreichen Umsetzung von geplanten Projekten und Verbesserungen,
- zur Überprüfung des Erfolgs von Maßnahmen,
- zur Lieferantenbewertung,
- zur Ermittlung von Verbesserungsbedarf im Qualitätsmanagementsystem.

Wie kann die praktische Umsetzung erfolgen?

Im Handbuch oder in einer Prozess- oder Verfahrensbeschreibung kann nochmals ein Überblick über alle Qualitäts- oder Prozesskennzahlen und die regelmäßigen Auswertungen und Berichte gegeben werden.

Auch die Steuerung der Daten und Aufzeichnungen, die Informationen über die Qualität enthalten, ist in diesem Zusammenhang interessant. Es sollte geregelt werden, welchen Fluss zum Beispiel Unterlagen über erbrachte Reparaturen im Unternehmen nehmen, damit die Daten zusammengetragen und ausgewertet werden können. Die Informationen über die Ergebnisse der Auswertung wiederum sind für alle möglichen Abteilungen wichtig, beispielsweise für die Konstruktion oder für den Vertrieb. Diese Datenströme können auch Teil eines Informationsmanagements sein (siehe auch Normkapitel. 7.1.6).

In größeren Unternehmen gibt es oft ein sogenanntes Berichtswesen, das die Berichterstattung über die Leistungsfähigkeit von einzelnen Prozessen oder Abteilungen abdeckt. Vielen Unternehmen ist das Erheben von Kennzahlen oder KPI (key performance indicators) bekannt. So dienen diese Kennzahlen oftmals einer Kosten-/Gewinnbetrachtung und anderen betriebswirtschaftlichen Aspekten. Diese Systeme können in der Regel zu einem Qualitätsberichtswesen ausgebaut werden.

Aus der Praxis: Zum Steuern braucht es ein Cockpit

Es gibt viele Kennzahlensysteme. Für Unternehmer, die nicht viel mit Finanz-
kennzahlen und Controlling am Hut haben, eignet sich ein einfaches Ampel-
system: das Kennzahlencockpit. Ähnlich einem Cockpit in einem modernen
Pkw oder einem Flugzeug, werden die wichtigsten Kennzahlen in einfachen
Grafiken angezeigt. Wird der gewünschte Sollwert verlassen, gehen die Sig-
nale des Cockpits auf Gelb oder sogar auf Rot. Ist der Istwert im Sollbereich,
steht die Ampel auf Grün.

Es ist sinnvoll, alle qualitätsrelevanten Daten und Auswertungen in einem Qualitätsbericht zusammenzutragen. Dieser kann der Geschäftsleitung als Grundlage
für die Managementbewertung (siehe Normkapitel. 9.3) dienen. Die Berichte
können im Nachhinein einen guten Blick auf die Entwicklung des Unternehmens
in Sachen Qualität bieten.

9.2   Das Managementsystem durch Zuhören messen

Normabschnitt 9.2 Internes Audit

Was will die Norm erreichen?
Das interne Audit ist ein wichtiges Instrument, das zur Verbesserung angewendet wird.

Was meint die Norm genau?
Eine weitere Methode zum Überwachen und Messen ist das interne Audit. Die
Normforderungen an interne Audits sind sehr konkret, da diese Methode vor dem
Einführen eines Qualitätsmanagementsystems in einem Unternehmen nicht ange-
wendet wird und für die Unternehmen Neuland ist.

Das Audit dient einerseits dazu, die Einhaltung der Normforderungen zu kontrollieren. Andererseits dient das Audit auch dazu, die Einhaltung der Regelungen
des Handbuchs (und andere Dokumente) im Unternehmen zu überprüfen. Wird
eine Regelung nicht wie im Handbuch beschrieben umgesetzt, kann es sein, dass
entweder die Regelung nicht sinnvoll war und angepasst werden sollte, oder dass
die Regelung sinnvoll war und der Mitarbeiter diese nicht richtig umgesetzt hat.
In beiden Fällen sind entsprechende Maßnahmen zu ergreifen.

Die formellen Anforderungen der Norm an interne Audits sind folgende:

* Audits müssen systematisch geplant werden (Auditprogramm) und sollen nicht spontan erfolgen.
* In einem Auditprogramm müssen
  – die Audithäufigkeit (wie oft welcher Prozess),
  – die Auditmethoden (Besprechung, Prüfung von Unterlagen, Betriebsbegehung, Beobachtung am Arbeitsplatz …),
  – die Verantwortlichkeiten,
  – die Vorgehensweise beim Planen und Berichterstellen festgelegt werden.

Bei der Auditprogrammerstellung soll berücksichtigt werden, welcher Bereich oder Prozess besonders auditierenswert ist. Das hängt davon ab,

* wie qualitätsrelevant ein Prozess ist,
* ob es Änderungen in einem Bereich gab und
* wie das vorangegangene Audit ausgefallen ist.

Für jedes Audit muss klar sein, was die Auditgrundlage ist, also gegen welchen Standard geprüft wird (z. B. ISO 9001, Gesetze, eigene Regelungen, oder mehrere kombiniert). Außerdem muss der Auditumfang festgelegt werden (wie lange, welcher Standort, welche Prozesse).

Bei der Auswahl des jeweiligen Auditors für ein Audit gilt der Grundsatz der Objektivität und Unabhängigkeit. Dies kann begründet werden mit einer möglichen Betriebsblindheit, Selbstschutz oder eventueller Verbindlichkeiten gegenüber Kollegen.

Die Auditergebnisse müssen an die zuständige Leitung weitergegeben werden. Denn nur diese kann dann nachhaltig Verbesserungen erreichen.

Beschlossene Verbesserungsmaßnahmen müssen möglichst schnell umgesetzt werden.

Als Nachweis darüber, dass das Audit tatsächlich stattgefunden hat und mit welchem Ergebnis, müssen Aufzeichnungen über das Audit geführt werden.

Wie kann die praktische Umsetzung erfolgen?
Die vom Unternehmen festgelegten Regelungen für interne Audits können im Handbuch als Kapitel oder als eigener Prozess beschrieben werden. Auf jeden Fall sind die Vorgehensweise und die Verantwortlichkeiten festzulegen.

Interne Audits sollen keine Razzia sein. Sie haben den Charakter eines kooperativen Gesprächs, das sich auf ein vertrauensvolles Miteinander zwischen Auditor und Auditiertem stützt. Daher werden Audits auch immer angekündigt. Es soll nicht der Status quo des auditierten Bereichs gemessen werden, sondern die auditierten Mitarbeiter sollen sich auch das Audit vorberiete, in dem sie einerseits Ordnung schaffen und andererseits die bestehenden Regelungen durchlesen und auf den Prüfstand stellen. Möglicher Veränderungsbedarf kann dann gleich an den Auditor adressiert werden. Das heißt, dass interne Audits einen Verbesserungsimpuls setzen können.

Um eine vertrauensvolle Atmosphäre beim Audit zu schaffen, muss die soziale Kompetenz des Auditors sehr ausgeprägt sein. Er muss es in der kurzen Auditzeit schaffen, das Vertrauen seines Gegenübers zu gewinnen. Herrscht eine Angst-Atmosphäre, wird kein Mitarbeiter Versäumnisse, Fehler und Unzulänglichkeiten zugeben. Vor allem dann nicht, wenn im Vordergrund steht einen Schuldigen zu suchen anstatt der Fehlerursache.

Audit sollen also als eine Möglichkeit genutzt werden, abseits des Arbeitsalltags die Arbeitsabläufe und die Arbeitsumgebung zu optimieren. Wenn die Mitarbeiter ständig in ihrem „Hamsterrad" rennen, nehmen sie sich oft nicht die Zeit, das Rad auch einmal zu ölen, damit es wieder besser läuft. Das interne Audit jedoch bietet die Gelegenheit dazu.

Voraussetzung für den Erfolg von Audits ist eine gute Planung: Wer wird wann durch wen auditiert. Wie oft auditiert wird, hängt davon ab, wie komplex ein Prozess ist, wie qualitätsrelevant er ist und wie stabil er läuft. Gab es im letzten Jahr in einem Prozess viele Änderungen in den Abläufen oder einen großen Personalwechseln, sollte ein Audit für diesen Bereich oder Prozess eingeplant werden.

In der Praxis werden Produkt-, Prozess- und Systemaudits unterschieden, je nachdem, in welchem Umfang auditiert wird. Ein Systemaudit kann sich auch aus mehreren Prozessaudits zusammensetzen. Man kann Audits aber auch auf Bereiche oder Funktionen ausrichten: So kann man bei einem Termin mit einem Personenkreis gleich mehrere Themen oder Prozesse besprechen.

▶   Von den meisten Zertifizierern wird inzwischen gefordert, dass jeder
      Bereich oder Prozess in einem Dreijahreszyklus mindestens einmal
      auditiert wird.

Das Audit läuft praktisch in den meisten Fällen als Interview mit einem oder mehreren Gesprächspartner ab oder als Beobachtung oder Begehung eines Arbeitsplatzes vor Ort. Es hat sich als Zweckmäßig herausgestellt, entweder vorab ein Gespräch in einem ruhigen Besprechungsraum zu führen und dann praktische Beispiele am Arbeitsplatz zu sehen oder umgekehrt. Es gibt aber auch die Möglichkeit, nur eine Betriebsbegehung zu machen (z. B. im Lager) oder eine reine Dokumentenprüfung vorzunehmen (z. B. beim Auditprozess).

Sinnvoll ist oft eine Kombination der unterschiedlichen Methoden. Dabei ist es empfehlenswert, unterschiedliche Gesprächspartner zu befragen. Die Bereichsleitung hat unter Umständen eine ganz andere Sicht der Dinge als der ausführende Mitarbeiter.

▶   **Irrtum Nr. 8: Interne Audits sind bürokratisch und aufwendig**
Es gibt Unternehmen, die stöhnen jedes Jahr über den immensen Aufwand, den ein internes Audit mit sich bringt. Es muss ein Auditprogramm erstellt werden (Formular Nr. 1), dann wird ein Auditplan gemacht (Formular Nr. 2), die Auditcheckliste wird ausgedruckt (Formular Nr. 3) und beim Audit ausgefüllt, ein mehrseitiger Auditbericht erstellt (Formular Nr. 4), jede Abweichung nochmals ausführlich in einem Abweichungsbericht aufgezeichnet (Formular Nr. 5) und dann in eine Maßnahmenliste zur Nachverfolgung eingetragen (Formular Nr. 6). Der Auditbericht wird dann nochmals im Bericht der Managementbewertung zusammengefasst (Formular Nr. 7).

Solche Probleme sind hausgemacht. Der Aufwand, der bei einem Audit betrieben wird, sollte immer im Verhältnis zum Informationsgewinn stehen. Der Gewinn bei einem Audit sind die resultierenden Verbesserungen, nicht die Anzahl der Formulare.

Bei einem kleineren Unternehmen kann ein Audit auch so aussehen:

Das jährliche Systemaudit wird rechtzeitig im Terminkalender eingetragen und bei Besprechungen angekündigt. Die Ergebnisse werden in einem Besprechungsprotokoll festgehalten und die Maßnahmen über die Verbesserungsdatenbank in der EDV nachverfolgt. Die Zusammenfassung des Auditberichts wird in den Qualitätsbericht für die Managementbewertung übernommen.

Um die Ergebnisse des Audits nachzuvollziehen, muss das Audit und dessen Ergebnisse festgehalten werden. Dabei kann der Aufwand, je nach Schreibwut des Auditors, groß oder klein sein. Es genügt, die Notizen des Auditors aufzubewahren, eine kurze Zusammenfassung des Audits mit einer Gesamteinschätzung für die Managementbewertung abzugeben und die einzelnen Verbesserungspotenziale aufzuzeichnen und nachzuverfolgen.

Bei der Gestaltung des Auditverfahrens hat es sich als sinnvoll erwiesen, den Berichtsentwurf durch die auditierten Mitarbeiter nochmals gegenlesen zu lassen. Dies dient einerseits der Vertrauensbildung von Mitarbeitern gegenüber den Auditoren, andererseits können so Missverständnisse vermieden werden.

Aus der Praxis: Wie kann man ein ganzes Unternehmen messen?

Es ist möglich, das gesamte Qualitätsmanagementsystem zu messen. Die internen Audits sind ein geeignetes Instrument dazu. Zwar beruht die Messung letztlich auf einer Einschätzung des Auditors. Wenn man jedoch eine gut einschätzbare Messskala zur Verfügung stellt und die Themenbereiche (z. B. Prozesse) gut voneinander abgrenzt, ist eine nahezu objektive und wiederholbare Messung möglich.

Die VDA (Verband der Automobilindustrie e. V.) gibt dazu eine gute Messskala vor, an der eine gute Orientierung möglich ist:

10 Punkte: Im QM-System vollständig festgelegt und auch wirksam nachgewiesen.

8 Punkte: Im QM-System nicht vollständig festgelegt und wirksam nachgewiesen.

6 Punkte: Im QM-System vollständig festgelegt und überwiegend wirksam nachgewiesen.

4 Punkte: Im QM-System nicht vollständig festgelegt, aber überwiegend wirksam nachgewiesen.

0 Punkte: Nicht wirksam nachgewiesen, unabhängig von der Vollständigkeit der Festlegung im QM-System.

Es wurden schon Audits von zwei verschiedenen Personen durchgeführt, die anhand einer solchen Skala zu den nahezu gleichen Ergebnissen geführt haben.

Die Auditoren bilden bei größeren Unternehmen meistens ein ganzes Auditorenteam, das sich aus Mitarbeitern aus den unterschiedlichsten Bereichen zusammensetzt. Bei kleineren Unternehmen auditiert häufig der Qualitätsmanagementbeauftragte. Er lässt seinen Bereich dann von einem Kollegen oder der Geschäftsleitung prüfen. Es ist häufig eine externe Unterstützung bei den internen Audits zu finden. Bei Kleinstunternehmen ist dies wegen der geforderten Unabhängigkeit von Auditoren vermeintlich unerlässlich. Die DIN EN ISO 19011, die als Leitlinie die Umsetzung von internen Audits näher beschreibt, ist die Rede von einer möglichst großen Unabhängigkeit des Auditors bei Kleinstunternehmen, die ja nie zu 100 % gewährleistet werden kann.

Aus der Praxis: Immer mehr Regeln

Audits eigenen sich auch dafür ein Regelwerk zu verschlanken. Der Auditor hat die Freiheit „dumme" Fragen zu stellen. Er ist nicht mit Betriebsblindheit geschlagen und kann daher unbedarft alle Regelungen des Bereichs infrage stellen. Eine Antwort im Sinne von „das haben wir schon immer so gemacht" ist für den Auditor ein willkommener Anlass, diese Regelung auf den Prüfstand zu stellen. Warum hat man diese Regelung veranlasst? Gibt es diesen Anlass noch? Ist daher die Regelung noch erforderlich?

Ein Bespiel: Ein Mitarbeiter arbeitete nicht sehr sorgfältig. Wegen ihm führte die Abteilung eine Checkliste ein, damit er nicht immer dieselben Dinge vergisst. Jetzt ist dieser Mitarbeiter nicht mehr da, die Checkliste aber schon, obwohl sie nicht mehr benötigt wird, weil alle anderen Mitarbeiter sehr genau arbeiten... Oft bleiben solche Regelungen dann bestehen, obwohl sie keinen Sinn mehr erfüllen.

Beim Audit kann diese Checkliste hinterfragt werden: Wird diese Checkliste angewendet? Wenn nicht, wird diese dann überhaupt noch benötigt? Es kann hier also das Auditergebnis sein, dass die Checkliste abgeschafft werden kann – zumindest so lange, bis wieder ein nachlässiger Mitarbeiter kommt...

9.3   Funktioniert unser Qualitätsmanagementsystem insgesamt?

Normabschnitt 9.3 Managementbewertung

Was will die Norm erreichen?
Die Geschäftsleitung richtet das Qualitätsmanagementsystem regelmäßig an der Unternehmensstrategie aus. Dabei hilft eine Managementbewertung des Systems.

Was meint die Norm genau?
Die Geschäftsleitung prüft und bewertet das Qualitätsmanagementsystem regelmäßig. Dabei soll betrachtet werden, ob das Qualitätsmanagementsystem noch praktikabel und geeignet ist, oder ob es Änderungsbedarf bzw. Verbesserungsbedarf gibt. Außerdem soll das Managementsystem immer wieder an der Unternehmensstrategie ausgerichtet werden.

Für die Bewertung müssen verschiedene Informationsquellen genutzt werden, die die Norm genau vorschreibt:

- Maßnahmen aus vorangegangenen Bewertungen durch die Unternehmensleitung (Maßnahmenverfolgung, Auswertungen)
- Änderungen von innen und von außen, die sich (in Zukunft) auf das Qua-
  litätsmanagementsystem auswirken könnten (Ausblicke der Geschäfts-
  bereiche, Markttendenzen, kommende Gesetzesänderungen, geplante
  Umstrukturierungen)
- Informationen über die Leistungsfähigkeit des Qualitätsmanagementsystems,
  z. B. aus
  - Rückmeldungen von Kunden (Reklamationsauswertung, Lob, Kritik,
    Gesprächsprotokolle, Berichte des Außendienstes, Auswertungen von
    Kundenbefragungen)
  - Stand der Umsetzung der Q-Ziele
  - Prozessleistung und Produkt- oder Leistungsqualität (Ausschussquoten,
    Fehlerquoten, Auslastung, Ausbeute, Garantiefälle, Beschwerden)
  - Fehler und Maßnahmen aus Fehlern
  - Ergebnisse von Messungen aller Art
- Ergebnisse von Audits (Auditberichte)
- Lieferantenbewertung
- Verfügbarkeit von Ressourcen, wie z. B. genügend Arbeitskapazität und Per-
  sonal, genügend Maschinen, Lagerkapazität, Transportmöglichkeiten
- Erfolg der Maßnahmen bezüglich Risiken und Chancen: Wurde hier etwas
  erreicht, wurden Risiken minimiert, wurden Chancen genutzt?
- Weitere Verbesserungsvorschläge und -möglichkeiten (von Mitarbeitern, vom
  Qualitätsmanagementbeauftragten, von Führungskräften, Kunden, Lieferan-
  ten, aus Audits, aus Auswertungen)

Das Ergebnis der Bewertung soll eine Aussage darüber sein, wie das Unternehmen aus qualitativer Sicht weiterentwickelt werden kann. Aus der Bewertung sollen Maßnahmen abgeleitet werden, die mit Verantwortlichkeiten, Terminen, den
notwendigen Ressourcen und dem Änderungsbedarf am Qualitätsmanagementsystem versehen werden.

Die gesamte Managementbewertung muss als Nachweis schriftlich vorliegen.

Wie kann die praktische Umsetzung erfolgen?
Idealerweise ist die Managementbewertung keine neue Veranstaltung, die von
anderen Besprechungen der Geschäftsleitung losgelöst ist. Besser ist es, bereits
existierende Besprechungen und Treffen zur strategischen Planung um das Thema
„Qualität" zu erweitern.

Um die Geschäftsleitung organisatorisch zu unterstützen, hat es sich bewährt, diese Treffen zu moderieren. Die Moderation kann ein qualifizierter Mitarbeiter oder ein externer Berater durchführen. So haben alle Beteiligten den Kopf frei für die wesentlichen Inhalte.

Um die benötigten Informationen zur Bewertung besser vorzubereiten, kann der Qualitätsmanagementbeauftragte einen Qualitätsbericht anfertigen, in dem bereits alle notwendigen Daten aufbereitet und kompakt dargestellt sind. Es muss nur noch ein Protokoll über die Bewertung der Situation, die strategischen Entscheidungen für die Zukunft, die Maßnahmen und die geplanten Projekte erstellt werden, und schon ist der Bericht zur Managementbewertung fertig.

▶ **Irrtum Nr. 9: Die Managementbewertung besteht aus Zahlen, Daten und Fakten**
Die Norm gibt in einer genauen Auflistung vor, welche Eingaben für die Managementbewertung gefordert sind. Viele Beteiligte denken, wenn die geforderten Eingaben in einem Bericht zur Managementbewertung wiedergegeben sind, sei die Bewertung an sich damit erledigt. Die Zahlen seien ja aussagekräftig genug. Manche Zertifizierungsauditoren fordern sogar einen Bericht zur Managementbewertung, der nach der Auflistung der Eingaben nach ISO 9001 gegliedert ist.

Eine Bewertung bedeutet jedoch, eine Einschätzung aus der eigenen Sicht vorzunehmen. Das heißt, die Geschäftsleitung soll ehrlich mit dem Qualitätsmanagementsystem und den einzelnen Prozessen ins Gericht gehen. Sie muss bewerten, ob diese tauglich sind, gute Produkte herzustellen, und ob die Produkte den wirklichen Kundenanforderungen entsprechen. Dazu nutzt die Geschäftsleitung die gesammelten Information (= Eingaben), die vom Qualitätsmanagementbeauftragten in Form eines Qualitätsberichts zusammengestellt werden können. Das Ergebnis dieser Bewertung kann ein „in Ordnung" sein, oder die Geschäftsleitung sieht Ansätze, mit denen das Qualitätsmanagementsystem und seine Prozesse verbessert werden oder die Produkte und Leistungen überarbeitet werden können. Dazu soll dann ein Maßnahmenplan mit eingeplantem Budget oder sonstigen benötigten Mitteln erstellt werden.

So schließt sich der Kreis des Deming

10

Zusammenfassung

Ein Qualitätsmanagementsystem lebt von der ständigen Verbesserung. Es ist ein zentrales Ziel, die Produkte und Leistungen einerseits und die Leistung der Prozesse andererseits ständig zu verbessern. Dafür soll aus Fehlern gelernt werden.

Normabschnitt 10 Verbesserung

10.1 Stillstand ist Rückschritt

Normabschnitt 10.1 Allgemeines

Was will die Norm erreichen?
Das Unternehmen muss seine Organisation und die Produkte und Leistungen ständig verbessern, es darf nicht stehen bleiben.

Was meint die Norm genau?
Das Unternehmen soll sich aktiv um die Verbesserung bemühen, damit die Kunden zufrieden sind und immer zufriedener werden. Dabei soll es:

- Produkte und Leistungen verbessern, um auch künftig die Anforderungen zu erfüllen
- Unerwünschte Auswirkungen korrigieren, verhindern, verringern

© Springer Fachmedien Wiesbaden 2016
S. Brugger-Gebhardt, *Die DIN EN ISO 9001:2015 verstehen*,
DOI 10.1007/978-3-658-14495-1_10

- Die Leistungsfähigkeit und Erfolg (Effizienz und Effektivität) des Qualitätsmanagementsystems verbessern

Die Norm fasst hier zusammen, was in den vorherigen Kapiteln immer wieder
zum Thema gemacht wird: Das Unternehmen soll sich und seine Produkte und
Leistungen immer weiter entwickeln, um immer besser zu werden.

Wie kann die praktische Umsetzung erfolgen?
Im globalen Wettbewerb findet eine ständige Weiterentwicklung der Produkte und
der Unternehmensprozesse statt. Immer bessere Produkte werden zu immer günstigeren Preisen angeboten. Das bedeutet für die Unternehmen, dass sie einerseits
ihre angebotenen Produkte und Dienste ständig verbessern und weiterentwickeln
müssen, andererseits dass die Prozesse immer leistungsfähiger werden müssen,
um kostengünstiger produzieren zu können.

Daher fordert die Norm zu Recht, dass sich das Unternehmen nicht auf seinen
Lorbeeren ausruht, sondern bei den Produkten und den Prozessen am Ball bleibt
und ständig nach Optimierungspotenzialen sucht.

Dieses Kapitel fordert jedoch keine konkreten Umsetzungen, sondern fasst
die Forderungen aus vorherigen Kapiteln nochmals zusammen. Die Umsetzung erfolgt mit der Fehlererfassung und -auswertung, mit den Maßnahmen aus
der Ermittlung von Risiken und Chancen, den Verbesserungen aus den internen
Audits und den strategischen Entscheidungen aus der Managementbewertung.
Die Norm akzeptiert als Verbesserung sowohl die tägliche kleinen Schritte als
auch die komplette Umstrukturierung und Neuausrichtung eines Unternehmens
und alles, was dazwischen liegt.

10.2   Aus Fehlern lernen

Normabschnitt 10.2 Nichtkonformität und Korrekturmaßnahmen

Was will die Norm erreichen?
Durch geeignete Maßnahmen wird verhindert, dass sich Fehler wiederholen.

Was meint die Norm genau?
Ihren Abschluss finden die Mess- und Analyseinstrumente aus Normkapitel 9
immer in der Vereinbarung und Umsetzung von Maßnahmen.

▶ **Korrekturmaßnahmen** sind Maßnahmen, die aufgrund eines Fehlers ergriffen werden, um die Wiederholung dieses Fehlers zu vermeiden.

Wenn ein Fehler passiert ist, dann sollte als erstes dem Kunden geholfen werden. Das ist aber nicht die eigentliche Korrekturmaßnahme, obwohl der Begriff Glauben macht, dass dabei ein Fehler „korrigiert" wird. Diese findet erst in einem zweiten Schritt statt, nachdem der Fehler bereits behoben ist oder die Fehlerfolgen bereinigt wurden. Dann wird nämlich überlegt, wie man diesen Fehler in der Zukunft vermeiden kann. Die von der Norm geforderte Vorgehensweise ist dabei:

- Notwendigkeit für eine Korrekturmaßnahme prüfen:
  Nicht immer ist eine Korrekturmaßnahme sinnvoll, denn manche Fehler sind einmalige Ausrutscher und bleiben es auch. Um dies festzustellen, wird der Fehler analysiert. Wenn bereits mehrere Fehler der gleiche Art oder der gleichen Ursache auftraten, spricht man von einem systematischen Fehler. Diese Fehler kann man mit dem Beheben der Ursache für alle Zeiten vermeiden. Für diese Fehler sind Korrekturmaßnahmen unerlässlich. Für diese Fehler wird die Fehlerursache analysiert und überlegt, wie diese beseitigt werden kann.
- Maßnahme festlegen und umsetzen
  Es genügt nicht, einfach eine Maßnahme zur Ursachenbeseitigung zu beschließen. Es muss auch kontrolliert werden, ob der verantwortliche Mitarbeiter diese umgesetzt hat.
- Feststellen, ob die Ursache tatsächlich beseitigt ist:
  Erst wenn der Fehler nicht mehr auftritt, dann hat die Maßnahme die beabsichtigte Wirkung erzielt und war erfolgreich. Wenn die Fehlerursache immer noch besteht, wird der Fehler wieder auftreten. Dann muss eine weitere, andere Maßnahme ergriffen werden.
- Risiken und Chancen ggf. zum jeweiligen Prozess überarbeiten
  Ist ein Fehler aufgetreten, kann dies bestätigen, dass ein angenommener Risikofall tatsächlich aufgetreten ist. Es ist auch möglich, dass wegen des Eintretens die Auftrittswahrscheinlich höher ist, als zuerst gedacht. Hier muss ggf. die Einschätzung des Risikos korrigiert werden.
- Das Qualitätsmanagementsystem ggf. anpassen
  Es kann sinnvoll sein, die Korrekturmaßnahme in eine dauerhafte Änderung der Regelungen zu überführen, d. h. die eine neue Vorgehensweise zu standardisieren. Dazu muss dann eventuell die Dokumentation angepasst werden.

Das Vorgehen für das Abarbeiten von Fehlern und das Abwickeln von Korrekturmaßnahmen ist auch in Abb. 10.1 beschrieben.

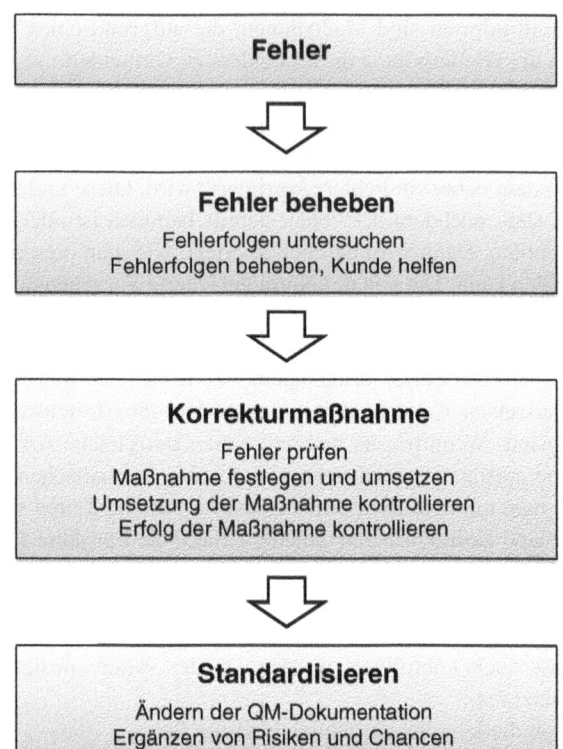

Abb. 10.1   Fehlerbehebung und Korrekturmaßnahmen

Korrekturmaßnahmen sollen immer angemessen sein, das heißt in einem gesunden Verhältnis zur Fehlerhäufigkeit und der Fehlerauswirkung stehen. Es ist also das Kosten-Nutzen-Verhältnis zu berücksichtigen.

Als Nachweis müssen schriftliche Aufzeichnungen über den Fehler, die getroffene Korrekturmaßnahme und deren Erfolg geführt werden.

Wie kann die praktische Umsetzung erfolgen?

Oft werden Korrekturmaßnahmen mit den Maßnahmen zur Fehlerbeseitigung verwechselt. Ist ein Fehler passiert und der Kunde reklamiert, dann ist ein Unternehmen erst einmal bestrebt, dem Kunden zu helfen. Bei dieser Art von Maßnahme kann man von einer Sofortmaßnahme oder Fehlerbeseitigungsmaßnahme sprechen. Erst im zweiten Schritt folgt die eigentliche Korrekturmaßnahme, die dazu dienen soll, das Wiederauftreten des Fehlers zu verhindern. Dies wird dadurch erreicht, dass nicht nur der Fehler selbst, sondern auch seine Ursache beseitigt wird.

In manchen Unternehmen werden Maßnahmen bereits gut verwaltet, d. h., die Maßnahmen werden geplant, dokumentiert, umgesetzt und die Umsetzung der Maßnahme kontrolliert. Oft wird jedoch der Erfolg der Maßnahme nicht geprüft. Das bedeutet, dass nicht geprüft wird, ob die Maßnahme einen tatsächlichen Effekt bewirkt hat und der Fehler nicht mehr auftritt. Denn wenn derselbe Fehler wieder auftritt, hatte die durchgeführte Maßnahme offensichtlich keinen Erfolg. Für eine stimmige Erfolgskontrolle haben sich verschiedene Ansätze bewährt.

- Maßnahmen verfolgen über Besprechungen:
  In Besprechungsprotokollen werden die vereinbarten Maßnahmen festgehalten. Wenn in den folgenden Besprechungen diese Maßnahme als offenen Punkt belassen werden, bis der Effekt der Maßnahme geprüft ist, kann dies als Erfolgsnachweis dienen. Dies ist gerade für kleine Unternehmen eine sehr unkomplizierte Lösung.
- Maßnahmen verfolgen über Listen oder Datenbanken:
  Die Maßnahmen aus allen möglichen Quellen (Analysen, Workshops, Audits, Besprechungen, Managementbewertungen, Reklamationen …) kann man in einer zentralen Liste oder Datenbank zusammenfassen. Ein Mitarbeiter wird nun mit der Pflege der Liste beauftragt, verfolgt die einzelnen Maßnahmen bis zur Erfolgskontrolle nach und dokumentiert das Kontrollergebnis in dieser Liste oder Datenbank.
- Maßnahmen verfolgen über Formulare:
  Der Klassiker ist die Aufzeichnung von geschehenen oder möglichen Fehlern auf einem Formblatt. In diesem Formblatt können dann die Ursachenanalyse, die Maßnahme und deren Abarbeitung aufgezeichnet werden. Hier wird wieder ein Mitarbeiter benötigt, der sich um die Kontrolle der Abarbeitung und der Wirksamkeit kümmert.
- Maßnahmen verfolgen über Workflow:
  Bei einigen Fällen, in denen eine stark standardisierte Abarbeitung von Maßnahmen möglich ist, kann auch ein programmierter Workflow in der EDV genutzt werden. Dazu poppen in festgelegten Zeiträumen die offenen Maßnahmen im Bildschirm des zuständigen Bearbeiters wieder auf und müssen weiterbearbeitet oder kommentiert werden. Die Ergebnisse werden in einer Datenbank abgelegt. Diese Funktion bieten manche CAQ-Programme.

Über diese Instrumente kann auch die Dokumentation der Maßnahme erfolgen.

▶ **Irrtum Nr. 10: Maßnahmen sind erledigt, wenn sie umgesetzt wurden**

Viele Unternehmen, die ein Qualitätsmanagementsystem unterhalten, haben keinen geschlossenen Verbesserungskreislauf, weil etwas wirklich Wichtiges fehlt: die Wirksamkeitskontrolle der Maßnahmen. Für viele Unternehmen ist eine Maßnahme dann erledigt, wenn sie umgesetzt und die Umsetzung kontrolliert wurde. Aber hat sich durch die Maßnahme etwas verbessert oder ist sie ins Leere gelaufen? Hat diese Maßnahme also wirklich etwas bewirkt?

Genau dies sollte in einem zweiten Schritt bei der Prüfung der Wirksamkeit der Maßnahme erfolgen. Das kann nicht sofort nach der Erledigung passieren, man muss etwas Zeit verstreichen lassen. Erst nach Tagen, Wochen oder gar Monaten kann man einschätzen, ob tatsächlich kein Fehler mehr auftritt oder Kennzahlen sich zum Besseren wenden. Erst mit dieser Wirksamkeitskontrolle ist die Maßnahmenumsetzung vollständig abgeschlossen.

10.3   Was hilft beim Verbessern?

Normabschnitt 10.3 Fortlaufende Verbesserung

Was will die Norm erreichen?
Die Verbesserung der Qualität ist eine permanente Aufgabe in einem Qualitätsmanagementsystem.

Was meint die Norm genau?
Es wird in diesem Normkapitel nochmals darauf hingewiesen, dass eine fortlaufende Verbesserung des Qualitätsmanagementsystems unerlässlich ist. Die Norm verwendet „fortlaufend" nicht im Sinne von „ständig" als regelmäßig, kontinuierlich oder gleichmäßig. Es kann auch einmal Phasen in der Unternehmensentwicklung geben, in denen andere Themen im Vordergrund stehen und die Verbesserung eher ein Randthema ist. Im nächsten Jahr kann ein großes Projekt die Qualität wieder immens vorantreiben. Jedoch soll das Unternehmen alle Chancen zur Verbesserung nutzen, die sich ihm bieten.

Wie kann die praktische Umsetzung erfolgen?

Alle diese Methoden tragen den PDCA-Zyklus als Grundgedanken in sich. Der PDCA-Zyklus nach William Edwards Deming besteht aus einem ständigen Verbesserungskreislauf (Abb. 2.6). Der Kreis unterteilt sich dabei in eine Planungsphase (PLAN), eine Ausprobierphase (DO), eine Überprüfungsphase (CHECK) und eine Phase, in der die bewährten Regelungen in eine dauerhafte Regel überführt werden (ACT).

Wer diesen Verbesserungszyklus permanent im Auge hat, der wird sich keine Chance zur Verbesserung entgehen lassen.

Die zehn häufigsten Normirrtümer

In meiner beruflichen Praxis stoße ich häufig auf die gleichen Fehler und Irrtümer, die ich immer wieder erklären muss. Teils beruhen diese Irrtümer auf
Veröffentlichungen, teils auf Beratungen und teils sogar auf den Aussagen von
Zertifizierungsauditoren. Um damit ein für alle Mal aufzuräumen, hier die häu-
figsten Normirrtümer nochmals kurz zusammengefasst:

Die häufigsten Normirrtümer

Irrtum Nr. 1: Es muss eine Stellungnahme zu jeder Normforderung geben

In der Vergangenheit war es üblich, im Handbuch die Normforderungen
aufzulisten und die Berührungspunkten der Normkapitel mit dem Unternehmen zu beschreiben. Als Begründung wurde aufgeführt, das fordere die Norm
oder das fordern die Zertifizierungsauditoren.

Aber tatsächlich fordert die ISO 9001 das seit der Ausgabe aus dem Jahr
2000 nicht mehr. Im Gegenteil: Die Norm möchte, dass das Unternehmen
seine tatsächlichen Strukturen abbildet und die Norm nur noch als Hilfestellung nutzt, um eventuelle Lücken zu erkennen und aufzufüllen.

**Irrtum Nr. 2: Ein Organigramm ist für ein zertifiziertes Unternehmen
Pflicht**

Manche Zertifizierungsauditoren fordern auch von kleinen Unternehmen
ein Organigramm mit der Begründung, dass die Norm dies fordere.

Das Organigramm ist als grafische Darstellung der Hierarchie im Unternehmen bereits so etabliert, dass es als Pflicht erscheint. Das Organigramm ist
jedoch nur eine von vielen Methoden, die Weisungsbefugnisse darzustellen und
zu kommunizieren. Und bei ganz kleinen Unternehmen gibt es viele mündliche
Regelungen, die bei einfachen Sachverhalten auch völlig ausreichen.

© Springer Fachmedien Wiesbaden 2016
S. Brugger-Gebhardt, *Die DIN EN ISO 9001:2015 verstehen*,
DOI 10.1007/978-3-658-14495-1

Irrtum Nr. 3: Risiken müssen systematisch bewertet werden

Die ISO 9001 fordert ein „risikobasiertes Denken". Dies bedeutet, Risiken zu identifizieren, zu analysierten und zu priorisieren, Maßnahmen aufgrund der Risiken zu ergreifen, den Erfolg dieser Maßnahmen zu prüfen und durch diesen Ablauf eine ständige Verbesserung zu erreichen.

Risikobasiertes Denken ist etwas, was jeder automatisch macht. Was man laut Norm noch zusätzlich machen soll, ist Maßnahmen aus den Ergebnissen des Denkens abzuleiten und diese Maßnahmen konsequent abzuarbeiten. Zum Abarbeiten und Verfolgen der Maßnahmen muss man diese dokumentieren.

Irrtum Nr. 4: Alle Waagen müssen geeicht werden

Waagen, die dazu dienen Warenmengen nach Gewicht zu bestimmen, müssen tatsächlich per Gesetz geeicht werden. Alle anderen Waagen müssen nicht geeicht werden, es kann jedoch sinnvoll sein, diese zu kalibrieren. Darüber entscheidet dann das Unternehmen selbst. Es kommt darauf an, wie kritisch eine Falschmessung ist und wie sich eine solche auswirkt.

Eine Waage, die zum Beispiel nur für das Abwiegen der Pakete für den Versand verwendet wird, muss definitiv nicht geeicht werden.

Irrtum Nr. 5: Die Norm schreibt einen Schulungsplan vor

Ein etwas älterer Normirrtum ist der Schulungsplan, den die Norm angeblich vorschreibt. Es gibt jedoch keine konkrete Normforderung an eine Dokumentationspflicht für geplante Schulungen.

Allerdings haben sich manche Instrumente und Formulare für die Unternehmen als hilfreich erwiesen, um den Prozess der Ermittlung, Planung, Durchführung und Bewertung der Schulungen transparent zu machen. Dennoch sollten Zertifizierungsauditoren offen für eigenständige Lösungen der Unternehmen sein.

Irrtum Nr. 6: Alle Lieferanten müssen bewertet werden

Die Norm unterscheidet sehr genau qualitätsrelevante von nicht qualitätsrelevanten Lieferanten. Die Norm fordert sogar an mehreren Stellen, den Aufwand bezüglich der Beschaffung und der Lieferantenbewertung zu überdenken. Der Aufwand sollte abhängig von der Qualitätsrelevanz der Produkte sein.

Nicht unmittelbar qualitätsrelevant sind z. B. Lieferanten für Büromaterial oder Reinigungsdienstleister in der Verwaltung. Dagegen werden andere qualitätsrelevante Lieferanten oft vergessen. Meist sind dies „Lieferanten", die Dienstleistungen liefern, wie z. B. Speditionen, IT-Anbieter oder Ersteller für technische Dokumentation.

Irrtum Nr. 7: Die Kundenzufriedenheit muss mit Kundenumfragen gemessen werden

Viele Unternehmen versuchen über eine Kundenbefragung herauszufinden, wie zufrieden ihre Kunden sind. Und viele Unternehmen scheitern damit: Es gibt nur wenig Rücklauf, und die Kunden, die sich melden, sind entweder zufrieden oder versuchen den Preis zu drücken.

Kundenbefragung mit freigestellter Teilnahme ist keine repräsentative Messung der Kundenzufriedenheit. Es nimmt nur ein Teil der Kunden daran teil. Also hat eine solche Umfrage allein keine Aussagekraft.

Eine Umfrage sollte ergänzt werden durch die Produktrückläufer, Reklamationen, Umsatzentwicklung und die Einschätzung der Kundenbetreuer. So kommt das Unternehmen insgesamt zu einem realistischeren Gesamtbild.

Irrtum Nr. 8: Interne Audits sind bürokratisch und aufwendig

Es gibt Unternehmen, die stöhnen jedes Jahr über den immensen Aufwand, den ein internes Audit mit sich bringt. Es müssen viele Formulare ausgefüllt werden, stundenlang Berichte getippt werden.

Solche Probleme sind hausgemacht. Der Aufwand, der bei einem Audit betrieben wird, sollte immer im Verhältnis zum Informationsgewinn stehen. Der Gewinn bei einem Audit sind die resultierenden Verbesserungen, nicht die Anzahl der Formulare.

Irrtum Nr. 9: Die Managementbewertung besteht aus Zahlen, Daten und Fakten

Die Norm gibt in einer genauen Auflistung vor, welche Eingaben für die Managementbewertung gefordert sind. Viele Beteiligte denken, wenn die geforderten Eingaben in einem Bericht zur Managementbewertung wiedergegeben sind, sei die Bewertung an sich damit erledigt.

Eine Bewertung bedeutet jedoch, eine Einschätzung aus der eigenen Sicht vorzunehmen. Sie muss bewerten, ob diese tauglich sind, gute Produkte herzustellen, und ob die Produkte den wirklichen Kundenanforderungen entsprechen. Das Ergebnis dieser Bewertung kann ein „in Ordnung" sein, oder die Geschäftsleitung sieht Ansätze, mit denen das Qualitätsmanagementsystem und seine Prozesse verbessert werden oder die Produkte und Leistungen überarbeitet werden können. Dazu soll dann ein Maßnahmenplan mit eingeplantem Budget oder sonstigen benötigten Mitteln erstellt werden.

Irrtum Nr. 10: Maßnahmen sind erledigt, wenn sie umgesetzt wurden

Für viele Unternehmen ist eine Maßnahme dann erledigt, wenn sie umgesetzt und die Umsetzung kontrolliert wurde. Aber hat sich durch die Maßnahme etwas verbessert oder ist sie ins Leere gelaufen? Hat diese Maßnahme also wirklich etwas bewirkt?

Genau dies sollte in einem zweiten Schritt bei der Prüfung der Wirksamkeit der Maßnahme erfolgen. Erst mit dieser Wirksamkeitskontrolle ist die Maßnahmenumsetzung vollständig abgeschlossen.

Weiterführende Literatur

DIN EN ISO 9001:2015, Qualitätsmanagementsysteme – Anforderungen, Beuth, Berlin
DIN EN ISO 9000:2005, Qualitätsmanagementsysteme – Grundlagen und Begriffe, Beuth, Berlin
DIN EN ISO 9004:2009, Leiten und Lenken für den nachhaltigen Erfolg einer Organisation – Ein Qualitätsmanagementansatz, Beuth, Berlin
Gräbig (2006) Wörterbuch Qualitätsmanagement, Beuth, Berlin
ISO Handbook: ISO 9001 for Small Business, What to do, Advice from ISO/TC 176 (2010) International Organization for Standardization, Genf
Guidance on the requirements for Documented Information of ISO 9001:2015, ISO/TC 176/SC2/N1286, International Organization for Standardization, Genf
RISK-BASED THINKING IN ISO 9001:2015, ISO/TC 176/SC2/N1284, International Organization for Standardization, Genf
THE PROCESS APPROACH IN ISO 9001:2015, ISO/TC 176/SC2/N1289, International Organization for Standardization, Genf
Guidance on some of the frequently used words found in the ISO 9000 family of standards, ISO/TC176/SC1 N 400 and ISO/TC176/SC1/WG1 N 318 (2012), International Organization for Standardization, Genf
ISO 9001 Auditing Practices Group: Guidances from www.iso.org/tc176/ISO9001AuditingPracticesGroup
http://www.din.de: Deutsches Institut für Normung
http://www.iso.org: International Organization for Standardization (ISO)
http://www.iso.org/tc176/sc02/public

© Springer Fachmedien Wiesbaden 2016
S. Brugger-Gebhardt, *Die DIN EN ISO 9001:2015 verstehen*,
DOI 10.1007/978-3-658-14495-1

The manufacturer's authorised representative in the EU is Springer
Nature Customer Service Centre GmbH, Europaplatz 3, 69115 Heidelberg,
Germany. If you have any concerns regarding our products, please
contact ProductSafety@springernature.com

Printed and bound by CPI Group (UK) Ltd, Croydon, CR0 4YY
23/04/2026
02095641-0004